Reiki

– vielleicht brauchst
Du Anregungen, wo Du
mir die Hände
auflegen musst!
Herzlichen Glückwunsch
zum Geburtstag Gerda
April 2012

Brigitte Glaser/Ursula Vogt

REIKI
HEILKRAFT DER HÄNDE

FALKEN
TaschenBuch

Von Brigitte Glaser ist im FALKEN TaschenBuch bereits erschienen:

„Dein Schicksal aus den Karten“ (Nr. 60241)

Dieses Buch wurde auf chlorfrei gebleichtem
und säurefreiem Papier gedruckt.

ISBN 3 635 60247 7

Umschlaggestaltung: Zembsch' Werkstatt, München
Gestaltung: David Barclay, Usingen
Redaktion: Jutta Schwarz, Bonn/Christiane Rückel/Susanne Janschitz
Herstellung: Beate Müller-Behrens
Titelbild: Image Bank, München/Steven Hunt
Fotos: Friedemann Rink und Susa Kleeberg, Wiesbaden
Satz: FALKEN Verlag, Niedernhausen/Ts.
Druck: Konkordia Druck GmbH, Bühl/Baden

817 2635 4453 62

Inhalt

Vorwort

Brigitte Glaser

Es ist uns bekannt, daß es bereits sehr viele Bücher über Reiki gibt. Wir kennen aber auch die große Skepsis, die bei vielen Menschen zum Ausdruck kommt, wenn sie etwas über dieses Thema hören.
Mit diesem Buch möchten wir all diejenigen ansprechen, für die Reiki eine abstrakte und unglaubwürdige „Philosophie" ist.
Unsere Zeit ist geprägt von der Jagd nach Geld und Äußerlichkeiten. Hektik und Streß bestimmen den Alltag. Der Mensch wird immer anfälliger für Krankheiten. Positives Denken wird selten angewendet, und die Bereitschaft sich selbst und andere anzunehmen, fällt immer schwerer. Bezeichnend dafür sind die vielen gescheiterten Ehen. Ein häufiger Grund dafür ist, daß die Fähigkeit, den anderen zu akzeptieren und ihm zuzuhören und ihn in seiner Gesamtheit anzunehmen, verlorengegangen ist.
Besonders den Jugendlichen fehlt ein positives Weltbild. Die beruflichen Aussichten werden für viele immer schlechter. Sie haben wenig Perspektiven für die Zukunft. Aggressivität und Gewalt sind die Folgen. Der brutale Umgang untereinander ist erschreckend. Um dieser Realität zu entfliehen, greifen immer mehr Jugendliche zu Drogen.
Das Wissen um die eigenen positiven Kräfte und die Selbstheilungsmöglichkeit ist den meisten Menschen verlorengegangen.
Durch Reiki kann diese Energie wieder bewußt gemacht und aktiviert werden. Sie hilft uns, positive Kraft für uns anzunehmen und an andere weiterzugeben. Dr. Usui hat dies schon vor Jahren erkannt. Er ist der Wegbereiter des neuen Reiki. Sein Wissen und unsere Erfahrungen möchten wir in diesem Buch weitergeben. Es soll Ihnen den Weg zu neuem Denken und den in Ihnen selbst wohnenden Heilkräften weisen.

Dr. Mikao Usui

Dr. Mikao Usui war Leiter der christlichen Priesterschule in Kyoto, Japan. Einige seiner Schüler fragten ihn eines Tages, ob er an die Wunderheilungen von Jesus glauben würde. Dr. Usui antwortete, daß er an diese Wunder glaube. Die Studenten fragten ihn darauf, ob er eine solche Heilung vorführen könnte oder schon einmal erlebt hätte. Dr. Usui mußte dies verneinen. Dies war der Anstoß für Dr. Usui, sein Amt an dieser Universität niederzulegen, um auf die Suche nach der Lösung dieser Fragen zu gehen.

Er reiste in die USA. An der Universität von Chicago studierte er Theologie. Seine Doktorarbeit behandelte das Thema „Heilungen im Neuen Testament". Gleichzeitig studierte er chinesische Schriften. Dr. Usui beherrschte neben Japanisch und Englisch auch die chinesische Sprache. Trotz seiner intensiven Studien der christlichen, taoistischen und buddhistischen Religionen fand er keine Antwort auf seine Fragen. Zurückgekehrt nach Japan, studierte er das altindische Sanskrit und besuchte viele buddhistische Klöster, um neue Kenntnisse zu erlangen. Schließlich entdeckte er in der Bibliothek eines Zen-Klosters in Sanskrit verfaßte Schriftrollen mit Hinweisen, wie und mit welchen Methoden und Symbolen geheilt werden kann.

Zwar hatte er nun nach vielen Jahren der Suche das theoretische Wissen um dieses Geheimnis gefunden, jedoch war ihm der Zugang zur Heilung noch immer verschlossen. Er lebte zu diesem Zeitpunkt wieder im Kloster in Kyoto.

Zwischen dem Abt des Klosters und Dr. Usui hatte sich eine tiefe Freundschaft entwickelt. Der Abt gab ihm den Rat, den heiligen Berg Kuriyama aufzusuchen, um dort 21 Tage zu meditieren und zu fasten. Dr. Usui nahm diesen Rat an und machte sich am nächsten Tag auf den Weg. Er vertraute darauf, daß Gott ihm die Kraft der Erkenntnis geben würde. Er sammelte 21 Steine, die ihm als Kalender dienten und legte jeden Tag einen beiseite.

Während dieser Zeit fastete und meditierte er. Am frühen Morgen des 21. Tages erblickte er einen hellen Lichtstrahl, der sich auf ihn herabsenkte und ihn in der Mitte der Stirn traf. Trotz dieser langen Fastenzeit und der damit verbundenen körperlichen Schwäche, fühlte er sich plötzlich von Kraft durchströmt. Er sah die alten Symbole aus den Sanskrit-Schriften in leuchtenden Buchstaben vor sich und sagte: „Ja, ich erinnere mich". Diese Sym-

Dr. Mikao Usui

bole prägten sich ihm für immer ein. Damit war der Zugang zur universellen Lebensenergie aktiviert.
Nach diesem Erlebnis begann Dr. Usui seinen Abstieg vom Berg. Er verletzte sich dabei am Fuß, und die Wunde begann zu bluten. Er legte seine Hände darauf. Die Blutung hörte auf, der Schmerz verschwand. Es war für ihn das erste Erlebnis mit seinen neu gewonnenen Fähigkeiten umzugehen, und er bekam die Erkenntnis, mit seinen Händen heilen zu können.
Da er hungrig war, kehrte er in das nächste Gasthaus ein, das am Wege lag. Das Mädchen, das ihn bediente litt seit Tagen an starken Zahnschmerzen. Dr. Usui bot ihr an, die Schmerzen zu lindern. Mit ihrer Einwilligung legte er seine Hände auf ihre geschwollene Wange. Nach einiger Zeit verschwanden die Schmerzen, und die Schwellung ging zurück.
Dr. Usui begab sich wieder in das Kloster in Kyoto, um dem Abt von seinen Erlebnissen zu berichten. In gemeinsamen Gesprächen mit dem Abt faßte er den Entschluß, den Menschen zu helfen, die auf Grund ihrer Krankheit in Armut geraten waren.
Er verbrachte viele Jahre in den Slums von Kyoto, heilte die Menschen mit Reiki-Kraft und gab ihnen die Möglichkeit, in ihr ursprüngliches Leben zurückzukehren, zu arbeiten und für sich und ihre Familie zu sorgen. Zu seiner Enttäuschung traf er immer öfters dieselben Menschen, die er geheilt hatte, beim Betteln wieder. Auf seine Frage, warum sie nicht in ihr früheres Leben zurückgekehrt seien, erhielt er immer wieder die gleichen Antworten. Es sei zu mühsam, sich eine Arbeit zu suchen und die Verantwortung für sich und andere zu tragen.

Dr. Usui war erschüttert und erkannte, daß es nicht reicht, die Menschen körperlich zu heilen. Vielmehr war es genauso wichtig, in ihrem Bewußtsein die Dankbarkeit für die körperliche Heilung zu entwickeln. Den Menschen sollte bewußt werden, daß sie etwas geschenkt bekommen, daß aber ohne eine Gegenleistung dieses Geschenk wertlos wird. Er stellte die folgenden Lebensregeln auf:

Reiki-Lebensregeln

Gerade heute sei nicht ärgerlich.

Gerade heute sorge dich nicht.

Ehre deine Lehrer, Eltern und die Älteren.

Verdiene dein Brot ehrlich.

Sei dankbar gegenüber allem, was lebt.

Dr. Usui verließ die Elendsviertel. Damit begann für ihn ein neuer Lebensabschnitt. Es war ihm klar, daß er sein Wissen weitergeben mußte, und er fand viele Schüler. Einer seiner engsten Mitarbeiter, Dr. Chijiro Hayashi, wurde nach seinem Tod sein Nachfolger. Er gründete die erste Reiki-Klinik in Tokio, in der die Menschen nur mit Reiki behandelt und durch Reiki geheilt wurden. Diese Klinik wurde im Zweiten Weltkrieg zerstört.

Hawayo Takata, 1900 als Kind japanischer Eltern auf Hawaii geboren, wurde die Nachfolgerin von Dr. Hayashi. Frau Takata litt an zahlreichen schweren Krankheiten. Durch Zufall hörte sie von Dr. Hayashis Klinik in

Tokio. Sie begab sich in seine Obhut und wurde geheilt. Durch diese Erfahrungen war ihr Interesse für Reiki geweckt, und sie wurde Dr. Hayashis Schülerin. Sie blieb ein Jahr bei ihm und kehrte dann nach Hawaii zurück. 1938 besuchte Dr. Hayashi Frau Takata auf Hawaii und weihte sie dort zur Reiki-Meisterin. Er verstarb im Jahre 1941, und Frau Takata trat daraufhin seine direkte Nachfolge an.

Dr. Chijiro Hayashi

Hawayo Takata

Auf Hawaii gründete Frau Takata ein Reiki-Zentrum, wo sie heilte und Schüler ausbildete. Sie weihte mehr als 20 Meister in den USA, Kanada und Südamerika. Die Nachfolge von Frau Takata traten ihre Enkeltochter Phyllis Lei Furumoto und Dr. Barbara Webber-Ray an. Der Weg dieser beiden Frauen trennte sich nach einem Jahr und beide gründeten bald ihre eigene Organisation.

Es gibt nun die *Reiki-Alliance* von Phyllis Lei Furumoto und die *AIRA* von Dr. Barbara Webber-Ray. Durch Frau Brigitte Müller wurde Reiki in den 80er Jahren in Europa bekannt.

Was ist Reiki?

Das Wort Rei-Ki stammt aus dem Japanischen und bedeutet „universelle Lebensenergie". Dr. Usui hat diesen Namen initiiert und ihm zu einer weltweiten Bedeutung verholfen.

Reiki ist die universelle Lebensenergie, die uns von Gott geschenkt wird. Es ist weder eine Sekte noch eine Religion, noch eine Philosophie. Jeder Mensch, unabhängig davon, wie er Gott definiert, hat einen Zugang dazu. Es ist die positive Energie aus dem Universum, die uns geschenkt wird, wenn wir darum bitten. In der Bibel finden wir jede Menge Hinweise auf die Kraft des Göttlichen. Im Korintherbrief, Kap. 12, Vers 4 – 11, lesen wir: *Es gibt verschiedene Gnadengaben, aber nur den einen Geist. Es gibt verschiedene Diener, aber nur den einen Herrn. Es gibt verschiedene Kräfte, die wirken, aber nur den einen Gott. Er bewirkt alles in allem. Jedem aber wird die Offenbarung des Geistes geschenkt, damit sie anderen nütze. Dem einen wird von dem Geist die Gabe geschenkt, Weisheit mitzuteilen, dem anderen durch den gleichen Geist die Gabe, Erkenntnisse zu vermitteln, dem dritten im gleichen Geist Glaubenskraft, einem anderen – immer in dem einen Geist – <u>die Gabe Krankheiten zu heilen</u>, einem anderen Wunderkräfte, einem anderen prophetisches Reden, einem anderen die Fähigkeit, die Geister zu unterscheiden, wieder einem anderen, verschiedene Arten von Zungenreden, einem anderen schließlich die Gabe, sie zu deuten. Das alles bewirkt ein und derselbe Geist, einem jeden teilt er seine besondere Gabe zu, wie er will.*

Durch diese und ähnliche Aussagen und die Wunderheilungen Jesu wurde Dr. Usui inspiriert, auf die Suche nach dieser göttlichen Kraft zu gehen. Seine Erkenntnisse sind die Grundlage für die Menschen, mit diesen Fähigkeiten wieder umgehen zu können. In jedem von uns schlummert die Kraft zur Selbstheilung, jedoch sind wir uns dessen nicht bewußt. Ein typisches Verhalten ist es, wenn wir uns gestoßen haben, die schmerzende Stelle dann mit der zu Hand berühren. Unbewußt üben wir damit Reiki als Selbstheilung aus. Damit ist schon beschrieben, wie Reiki wirkt. Es ist die universelle Lebensenergie, die durch unsere Hände fließt. Durch die Einweihung haben wir Zugang zur Energie aus dem Universum und dienen als Kanal, durch den diese Energie weitergegeben wird.

Durch diese Kraft werden seelische Blockaden gelöst, die oft Ursachen für körperliche Leiden sind. Jesus wirkte seine Wunder, indem er zunächst die Sünden vergeben hat. Somit nahm er das Leiden der Seele, das meist verantwortlich für die Erkrankung des Leibes war, hinweg. Erst das Gefühl, von den Menschen nicht ernst genommen zu werden, veranlaßte ihn, der Seelenheilung, die unsichtbar war, eine Heilung des Körpers anzuschließen. Er kündigte das Wunder an, indem er sprach: *Ich werde es vollbringen, damit jeder wisse, daß der Menschensohn Gottes Macht hat, Sünden auf Erden zu vergeben.* Daraufhin wandte er sich dem Gelähmten aus Kapernaum zu und gab ihm seinen Heilungsbefehl: Stehe auf, nimm dein Bett und gehe nach Hause. Der Gelähmte stand auf. Von diesem Augenblick an wurde Jesus von der Menge als Geist Gottes gepriesen.

In dieser Szene wird besonders deutlich, daß die Menschen nicht Jesus als Person die Kraft der Wunderheilung zusprachen, sondern erkannten, daß der Geist Gottes sich durch Jesus offenbarte. Das bedeutet, daß Jesus als Medium verstanden wurde, ein Mensch also, der mit der Hilfe Gottes imstande war, Krankheiten zu heilen, also Vermittler zwischen der göttlichen Kraft und den Menschen war. Jesus selbst verstand es ebenso, denn er umschrieb dies mit eigenen Worten (Johannes, Kap. 14, Vers 10 ff.): *Die Worte, die ich euch sage, habe ich nicht aus mir selbst. Der Vater, der in mir bleibt, vollbringt seine Werke.*

Normalerweise werden Menschen, die an Wunder glauben, als „Spinner" abgetan, doch die Wunder der Bibel werden geglaubt. Dr. Usui brachte die Fähigkeiten, mit der göttlichen Kraft in der modernen Welt umzugehen, dem Menschen wieder nahe. Eine von vielen Voraussetzungen, mit Reiki umzugehen, ist die Einweihung, die nur der Meister geben kann. Durch den Meister erfahren wir die Vielfalt dieser Möglichkeiten.

Der 1. Reiki-Grad befähigt uns, uns selbst und anderen mit der heilenden Kraft der Hände zu helfen. Im 2. Reiki-Grad verstärkt sich diese Fähigkeit, und wir erhalten die Kraft zur mentalen Übertragung, wobei Zeit und Raum keine Rolle spielen. Die Einweihung zum Meister setzt ein großes persönliches Wachstum auf allen Ebenen voraus. Der Meister übernimmt damit die Aufgabe und Verantwortung, Reiki weiterzugeben.

Mein Weg zu Reiki

Mein Interesse galt von Anfang an der Medizin. Nach meiner Fachhochschulreife wurde ich Kinderkrankenschwester. Während meiner Berufstätigkeit kam ich zu der Überzeugung, daß die Schulmedizin nicht der einzige Weg zur Heilung sein kann. Aus diesem Grunde absolvierte ich die Ausbildung zur Heilpraktikerin. Unabhängig von meiner medizinischen Ausbildung beschäftigte ich mich seit dem 20. Lebensjahr mit der Esoterik. Dazu gehört die Kunst des Handlesens und des Kartendeutens. Anfang der 80er Jahre machte ich meine ersten Erfahrungen mit Reiki. Ich hatte starke Kopfschmerzen, und eine Freundin legte mir einige Minuten die Hand auf die Stirn. Ich spürte eine große Wärme, und zu meiner Überraschung waren meine Beschwerden nach einigen Minuten verschwunden. Meine Freundin erklärte, daß sie sich mit Reiki, den heilenden Händen, beschäftigte und ihre Fähigkeiten an mir ausprobieren wollte. Für mich klang das sehr unglaubwürdig. Durch meine Arbeit als esoterische Therapeutin lernte ich immer mehr Menschen kennen und wurde durch sie wieder mit Reiki konfrontiert. Der endgültige Anstoß, mich mit Reiki auseinanderzusetzen, war die Begegnung mit Renate Köhler, einer Reiki-Meisterin, die bei mir Rat über das Kartenlegen suchte. Diese Meisterin machte mich auf die in mir wohnenden Kräfte aufmerksam und öffnete mir und meinem Mann den Weg zu Reiki. Gemeinsam erhielten wir die Einweihung zum 1. und zum 2. Grad. Während ich mich mehr in meinem Beruf als Therapeutin und Kartenlegerin engagierte, lernte mein Mann immer intensiver mit Reiki umzugehen und vertiefte sein Wissen. Bald wurde sein Wunsch, die Meisterweihe zu erhalten immer stärker. Er wollte Reiki weitergeben und die Menschen lehren, mit Reiki das Leben positiver gestalten zu können. Nach seiner Einweihung zum Meister hielten wir gemeinsam Seminare ab. Mein Bedürfnis, selbst Meisterin zu werden, veranlaßte mich mehr und mehr, mit Reiki zu arbeiten. Ich spürte, wie sich mein Weltbild veränderte und ich zunehmend innere Kraft und Stärke gewann. Nach der Zeit des Lernens weihte mein Mann mich zur Meisterin. Die Einweihung zu Reiki hat mein ganzes Leben positiv verändert. Diese Erfahrung wünsche ich jedem Menschen, und sie ist der Anlaß, dieses Buch zu schreiben.

Brigitte Glaser

Reiki 1. und 2. Grad

霊気

Der 1. Reiki-Grad

Die Einweihung zum 1. Grad befähigt dazu, Blockaden zu lösen, den Körper zu entgiften, Tiefenentspannung zuzulassen und positive Lebensenergie anzunehmen.
Meine Erfahrungen haben gezeigt, daß für die Einführung zum 1. Grad ein Seminar von zwei bis drei Tagen besonders harmonisch und erfolgreich ist. Dafür bietet sich ein Wochenende an. Die Gruppe sollte nicht zu groß sein, maximal vier Personen, um eine sehr persönliche Atmosphäre herstellen zu können. Als Einstimmung findet ein Erfahrungsaustausch statt. Die Teilnehmer haben die Möglichkeit, zu erzählen, was sie bis jetzt über Reiki wissen und wie sie mit dem Thema in Berührung kamen. Auf diese Weise lernen sie sich gegenseitig kennen, und es kann eine Vertrauensbasis entstehen. Zum Abschluß des Abends erzähle ich die Geschichte des Dr. Mikao Usui.
Der nächste Tag beginnt mit einem gemeinsamen Frühstück. Es verblüfft immer wieder, welche Erlebnisse und Auswirkungen das Gespräch des Vorabends auf die einzelnen Teilnehmer hatte. Die Bereitschaft und der Wunsch, sich mehr mit Reiki auseinanderzusetzen, ist bei allen gewachsen.
Den theoretischen Teil beginne ich mit einer Einführung über Reiki:
Was ist Reiki, wie wirkt es und welche Voraussetzungen sollte die Person haben, die Reiki anwendet. Ich weise darauf hin, daß durch die Einweihung mit den Menschen eine Veränderung vor sich geht. Jeder wird diese Veränderung anders empfinden. Die Bereitschaft, anderen zu helfen, den Menschen in seiner Gesamtheit anzunehmen, wird wachsen. Positives Denken wird verstärkt, und man bekommt ein anderes Weltbild. Man lernt, in sich zu ruhen und wird sich seiner eigenen Kraft bewußt. Besonders mache ich darauf aufmerksam, daß Reiki ein von Gott gegebenes Geschenk ist, um das man bei jeder Behandlung wieder bittet, um als Kanal dienen zu dürfen.
Das Wichtigste dabei ist, nicht den Bezug zur Wirklichkeit zu verlieren und daran zu denken, daß man trotz alledem ein ganz normaler Mensch ist und bleibt. Zum verantwortungsvollen Umgang mit Reiki gehört, daß man es zwar einem Menschen anbieten, aber niemals aufzwingen sollte. Reiki-Kraft fließt nur in der Stärke, wie der Empfänger bereit ist, sie anzunehmen.

Die Behandlung mit Reiki setzt einige Rituale voraus. In einer Situation, in der dies nicht möglich sind, fließt Reiki trotzdem.
Vor jeder Behandlung sollte man die folgenden Rituale ausführen:

1. *Der* Sch*muck*

Der Schmuck muß abgelegt werden. Metalle, Edelsteine, Holz oder Leder ziehen bestimmte feinstoffliche Energien an. Besonders Edelsteine können sich mit negativer Energie aufladen, die als Störfelder bei der Reiki-Behandlung auftreten können.

2. *Das* Hände*waschen*

Vor jeder Behandlung werden die Hände unter fließendem Wasser gereinigt. Dies hat sowohl einen symbolischen, als auch hygienischen Grund. Unsere Hände werden rein von allen vorherigen Einflüssen. Nach der Behandlung werden die Hände wieder unter fließendem Wasser gereinigt. Damit werden alle Eindrücke, die durch die Behandlung aufgenommen wurden, neutralisiert.

3. *Das* Ge*bet*

Das Wichtigste vor jeder Behandlung ist die Bitte, Reiki-Kanal sein zu dürfen. Ich bitte Gott um die Gnade, Reiki zu empfangen und an den Menschen weitergeben zu dürfen, der dieser Hilfe bedarf. Ich mache mir bewußt, daß ich nur der Mittler zwischen der universellen Lebensenergie und dem Empfänger sein darf.

4. *Glatt*streichen *der Au*ra

Nach dem Gebet und vor der Behandlung wird die Aura des Empfängers dreimal vom Kopf zu den Füßen glattgestrichen. Man sollte beachten, daß, wenn man von den Füßen zum Kopf zurückgeht, der Arm eng am eigenen Körper entlang geführt wird, da man sonst gegen die Aura streicht.

Danach beginne ich mit den praktischen Übungen. Die verschiedenen Positionen werden durchgesprochen und das Auflegen der Hände geübt.

Die Selbstbehandlung

Durch die Selbstbehandlung mit Reiki erreichen wir eine persönliche Reife, die es uns ermöglicht, verantwortungsbewußt und hilfreich mit anderen Menschen umzugehen.

Aus diesem Grunde sollte man sich regelmäßig selbst behandeln. Wir spüren an uns selbst die Wirkung von Reiki und können die Reaktionen bei Fremdbehandlungen richtig einschätzen. Auch bei der Selbstbehandlung sollten die Rituale eingehalten werden, wobei das Glattstreichen der Aura wegfällt. Anwenden kann man alle beschriebenen Positionen, die man erreichen kann. Die Erfahrung hat gezeigt, daß bei der Selbstbehandlung die Chakrenbehandlung am sinnvollsten ist. Das Wurzelchakra erreicht man bei der Selbstbehandlung unter dem Sakralchakra.

Die Selbstbehandlung ist eine sehr wichtige Erfahrung. Nach einiger Zeit wird spürbar, wie man sich verändert, ruhiger und gelassener wird. Gegenüber seiner Umwelt wird man aufgeschlossener, und man kann offener auf andere Menschen zugehen.

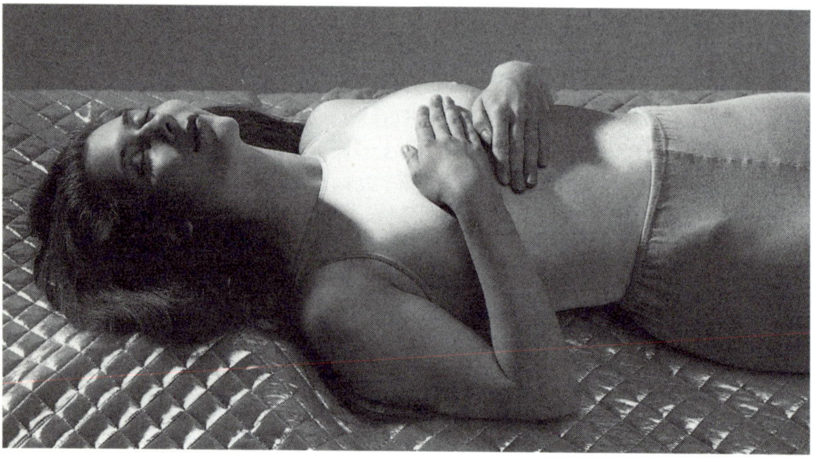

Chakrenausgleich: die Hände liegen auf dem Herzchakra und dem Solarplexuschakra

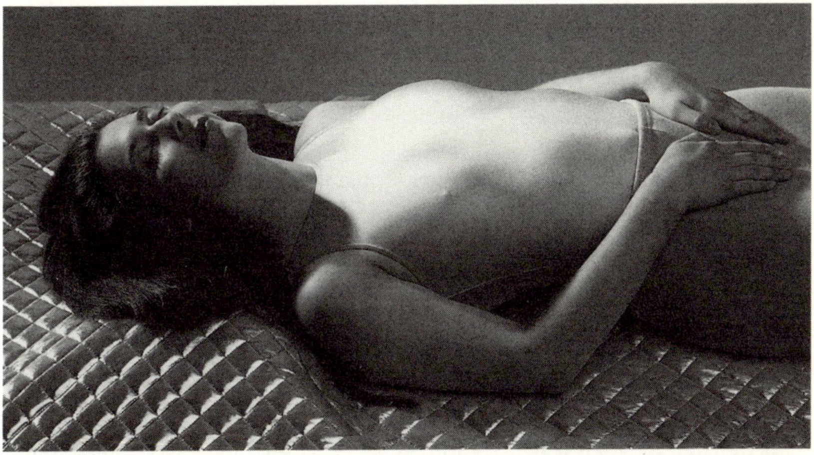

Sonderposition 4: Die Hände liegen rechts und links auf den Leisten. Mit dieser Position wird das Wurzel- und das Sakralchakra erreicht

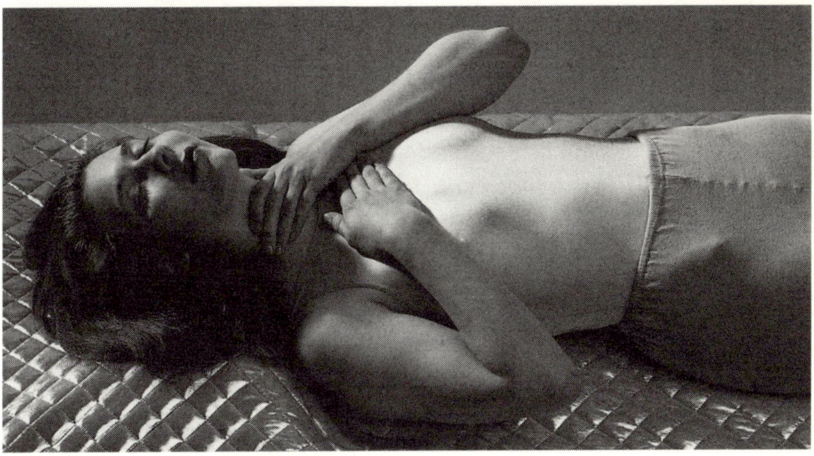

Grundposition 1: Mit dieser Position behandelt man das Halschakra

Die Fremdbehandlung

Die Behandlung kann, je nach individueller Notwendigkeit, in jeder Position, im Sitzen, im Liegen sowie im Stehen, durchgeführt werden.
Die Beine des Empfänger dürfen nicht überkreuzt, und die Haltung sollte entspannt sein. Aus diesem Grunde sollten eng sitzende Gürtel und Krawatten gelockert werden.
Leise Meditationsmusik fördert die Entspannung und unterstützt den Heilungsprozeß. Gedämpfte Beleuchtung und ein Duftöl sorgen für zusätzliches Wohlbehagen.
Die oben beschriebenen Rituale werden vorher ausgeführt. Man spricht mit dem Empfänger, bittet ihn, sich zu entspannen, die Augen zu schließen und ruhig zu atmen. Dann legt man die Hände ohne Druck auf die zu behandelnde Stelle. Die Finger bleiben dabei geschlossen. Reiki beginnt nun zu fließen, soweit der Empfänger bereit ist, es anzunehmen. Dies wird in verschiedensten Formen wahrgenommen, es bedeutet nicht unbedingt, daß die Hände warm werden. Der Empfänger kann auch eine angenehme Kühle verspüren. Viele Menschen empfinden die Kraft von Reiki als leichtes Vibrieren, einige sprechen von Stromstößen, die sie empfangen. Jeder Mensch empfindet die Energie von Reiki anders.
Es ist nicht notwendig, sich zu einer Behandlung zu entkleiden. Reiki fließt auch durch die Kleidung, Verbände und Gips. Ist die zu behandelnde Stelle verletzt oder berührungsempfindlich, hält man seine Hände in geringem Abstand darüber. Zum Schluß der Behandlung streicht man wieder dreimal die Aura wie beschrieben glatt. Man bedankt sich, daß man Reiki-Kanal sein durfte.
Bei einer Reiki-Behandlung sollte ein Austausch zwischen dem Gebenden und dem Empfangenden stattfinden. Reiki ist kein wirtschaftliches Gut, das man kaufen kann. Jedoch sollte die Zeit bezahlt werden, die dazu erforderlich ist, Reiki zu geben.

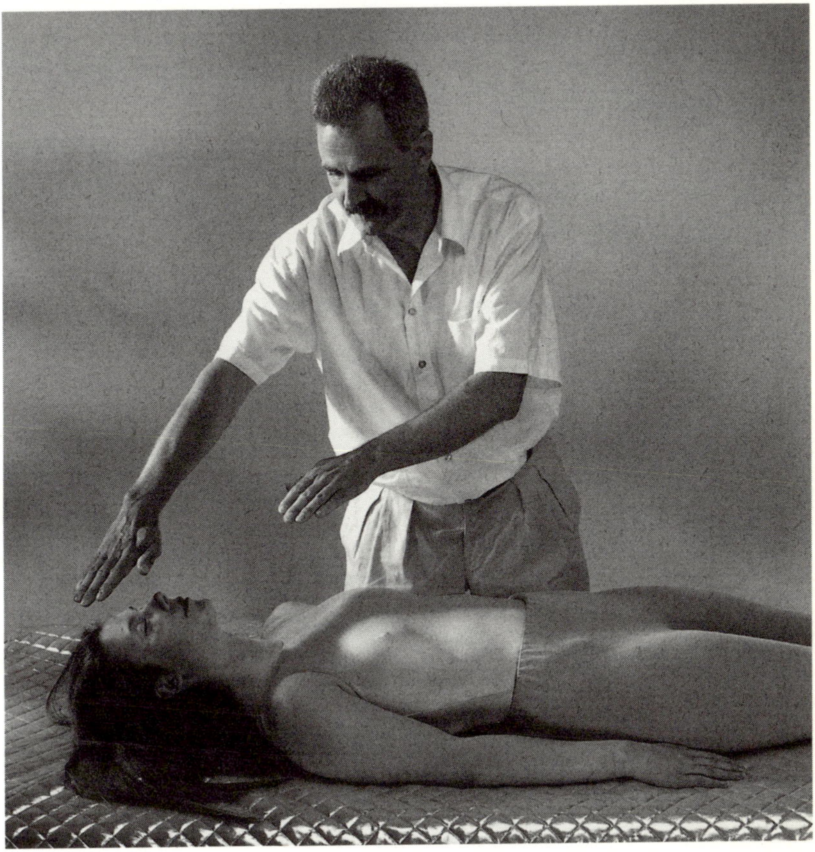

Aura glattstreichen

POSITION DER HÄNDE

Beide Hände liegen auf dem Oberkopf.

Hier befindet sich das 7. Chakra = das Mandala.

BEHANDELTE KÖRPERTEILE

Großhirn und Schädeldecke.

DRÜSE

Epiphyse und Zirbeldrüse.

BEHANDLUNG PSYCHISCHER BESCHWERDEN

Abbau von Streß und Emotionen, Linderung von Blähungen und Verdauungsstörungen.

BEHANDLUNG KÖRPERLICHER BESCHWERDEN

Kopf- und Augenschmerzen.
Mit dieser Position wird Multiple Sklerose begleitend behandelt.

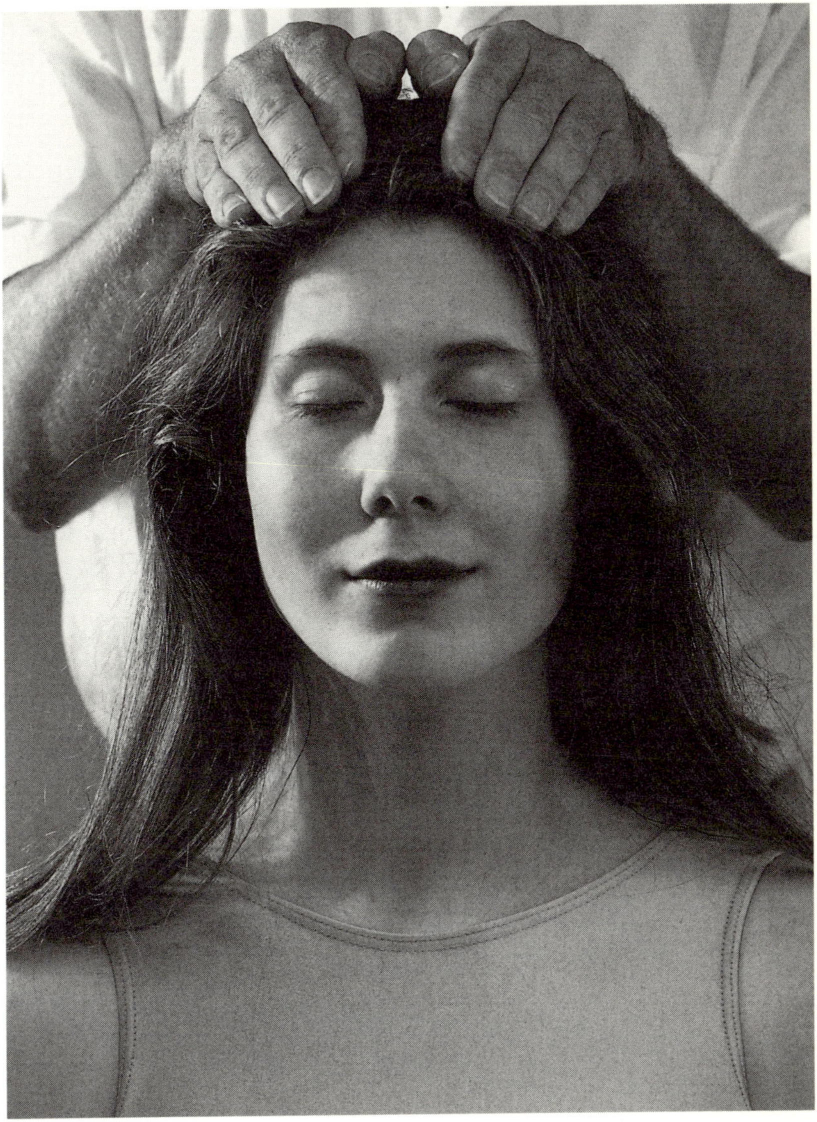

POSITION DER HÄNDE

Die Hände liegen über Augen, Neben- und Stirnhöhlen.

Hier befindet sich das 6. Chakra = Stirnchakra.

BEHANDELTE KÖRPERTEILE

Augen, Nebenhöhlen, Stirnhöhlen sowie die Gehirnnerven.

DRÜSE

Hypophyse
Die Hypophyse ist die Zentralstelle zur Steuerung der innersekretorischen Drüsen. Bei Drüsenerkrankungen muß diese immer mitbehandelt werden.

BEHANDLUNG PSYCHISCHER BESCHWERDEN

Diese Position wirkt entspannend bei Streß und Anspannung. Behandlung leichter Suchtprobleme und innerer Unzufriedenheit (man weiß nicht, was man will).

BEHANDLUNG KÖRPERLICHER BESCHWERDEN

Augenkrankheiten, Schnupfen, Stirnhöhlen- und Nasennebenhöhlenentzündungen.

POSITION DER HÄNDE

Die Hände liegen an den Schläfen.

BEHANDELTE KÖRPERTEILE

Augen, Augennerven, Nebenhöhlen, Stirnhöhlen sowie die Gehirnnerven.

BEHANDLUNG PSYCHISCHER BESCHWERDEN

Diese Position wirkt sehr beruhigend bei Streß. Ausgleich von emotionalem und rationellem Denken.
Diese Behandlung ist besonders gut für Kinder mit Lernschwierigkeiten und Konzentrationsstörungen.

BEHANDLUNG KÖRPERLICHER BESCHWERDEN

Aktivierung der Augennerven, Linderung von Erkältungen und Kopfschmerzen.

POSITION DER HÄNDE

Die Hände liegen auf den Ohren.

BEHANDELTE KÖRPERTEILE

Über die hier befindlichen Akupunkturpunkte werden Herz, Lunge, Magen, Nieren, Leber, Galle sowie der Darm erreicht.

BEHANDLUNG KÖRPERLICHER BESCHWERDEN

Kopfposition 4 ist die Grundposition für alle Ohrerkrankungen wie: *Mittelohrentzündung, Ohrensausen, Schwerhörigkeit und Gleichgewichtsstörungen. Linderung von Erkältungskrankheiten.*

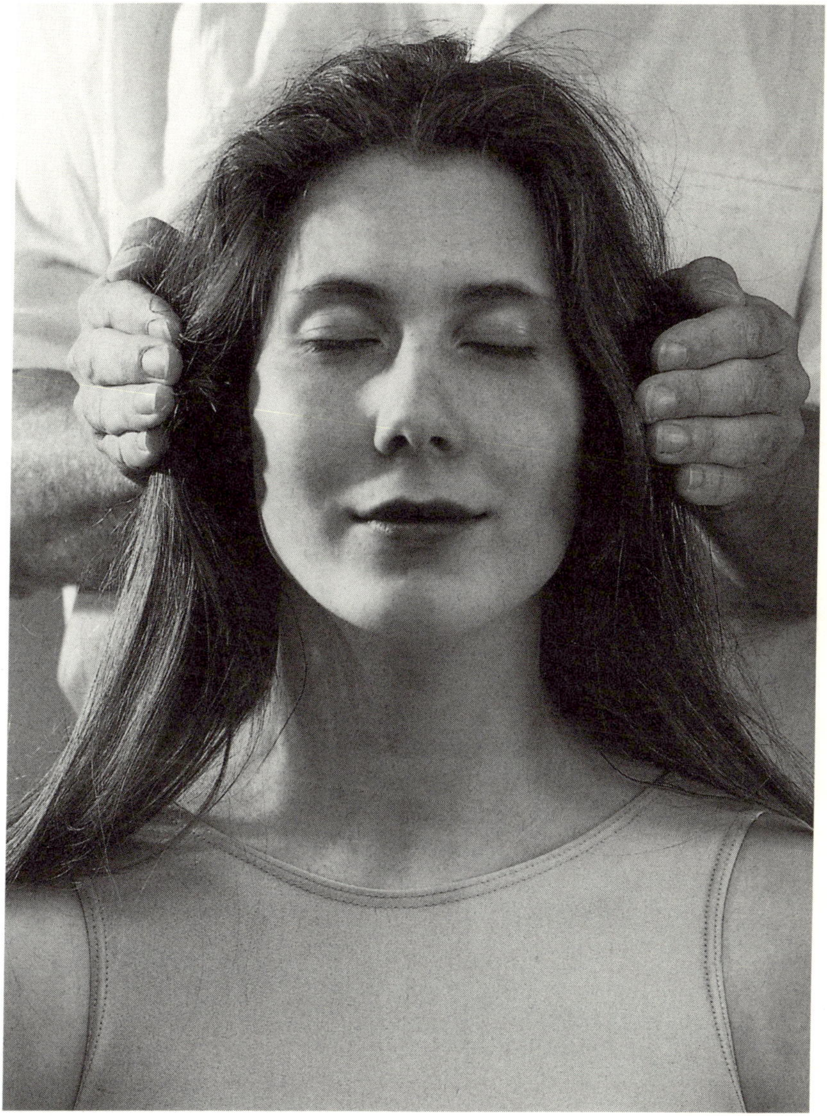

POSITION DER HÄNDE

Die Hände liegen unter dem Hinterkopf,
die Fingerspitzen zeigen zum Nacken.

BEHANDLUNG PSYCHISCHER BESCHWERDEN

Angst, Schock, Hyperventilation und chronisches Verschlucken.
Diese Position wirkt beruhigend und sorgt für einen klaren Kopf.

BEHANDLUNG KÖRPERLICHER BESCHWERDEN

Kopfschmerzen, Nasenbluten, Heuschnupfen, Brechreiz.

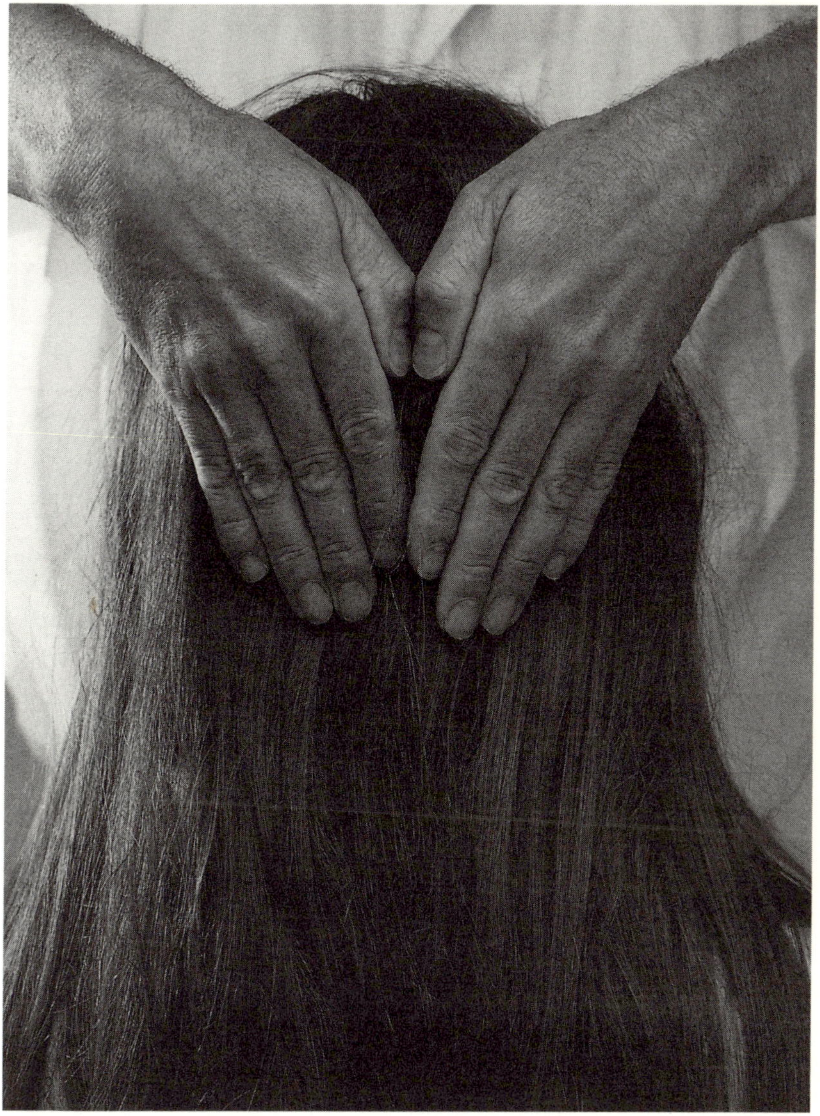

POSITION DER HÄNDE

Die Hände liegen auf dem Hals.

Hier erreichen wir das 5. Chakra = Halschakra.

BEHANDELTE KÖRPERTEILE

Hals- und Rachenraum und der untere Kieferbereich: *Der Kehlkopf, die Stimmbänder, die Lymphknoten, die Speiseröhre, die Bronchien und der obere Lungenteil.*

DRÜSE

Schilddrüse und Nebenschilddrüse. *Die Schilddrüse sorgt für die hormonelle Regelung im Körper.*

BEHANDLUNG PSYCHISCHER BESCHWERDEN

Abbau von Ärger und Frust. Förderung der Kommunikation. Magersucht und Stottern lassen sich positiv beeinflussen. Ausgleichen von Unsicherheit und Aggressionen.

BEHANDLUNG KÖRPERLICHER BESCHWERDEN

Hoher und niedriger Blutdruck, Herzrasen, Angina und Grippe. Außerdem Krankheiten, die den Hals-, Rachen- und unteren Kieferbereich betreffen: Zahnschmerzen, Mandelentzündung, Heiserkeit, Bronchitis. *Stoffwechselerkrankungen: Regulierung von Über- und Untergewicht.*

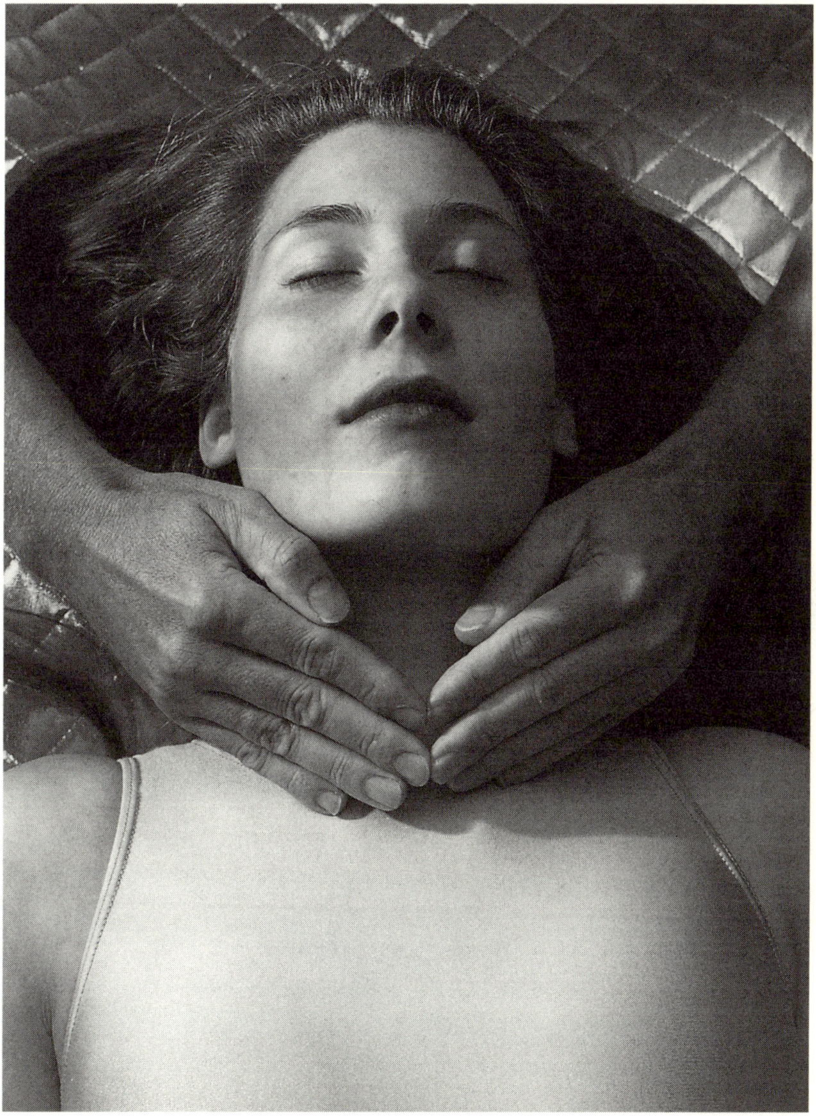

POSITION DER HÄNDE

Die Hände liegen auf dem oberen Brustkorb. Eine Hand liegt über der Brust, die andere auf dem Herzen. Es können auch beide Hände in der Mitte des oberen Brustkorbs liegen.

Hier befindet sich das 4. Chakra = Herzchakra.

BEHANDELTE KÖRPERTEILE

Herz, unterer Lungenbereich, das Blutkreislaufsystem und das Blut, die Haut.

DRÜSE

Thymusdrüse.
Die Thymusdrüse hat ihre Hauptaufgabe bis zur Pubertät erfüllt. Sie dient zum Aufbau des Immunsystems und der Antikörperbildung.

BEHANDLUNG PSYCHISCHER BESCHWERDEN

Die Behandlung dieses Chakras befähigt uns, Gefühle wieder zuzulassen, anzunehmen und weiterzugeben. Verminderung von Depressionen.

BEHANDLUNG KÖRPERLICHER BESCHWERDEN

Herzbeschwerden (Herzerkrankungen dürfen nicht direkt über das Herzchakra behandelt werden!), Lungenentzündung, Asthma, Blutkrankheiten, Hautkrankheiten, alle Krankheitsbilder im Brustbereich.

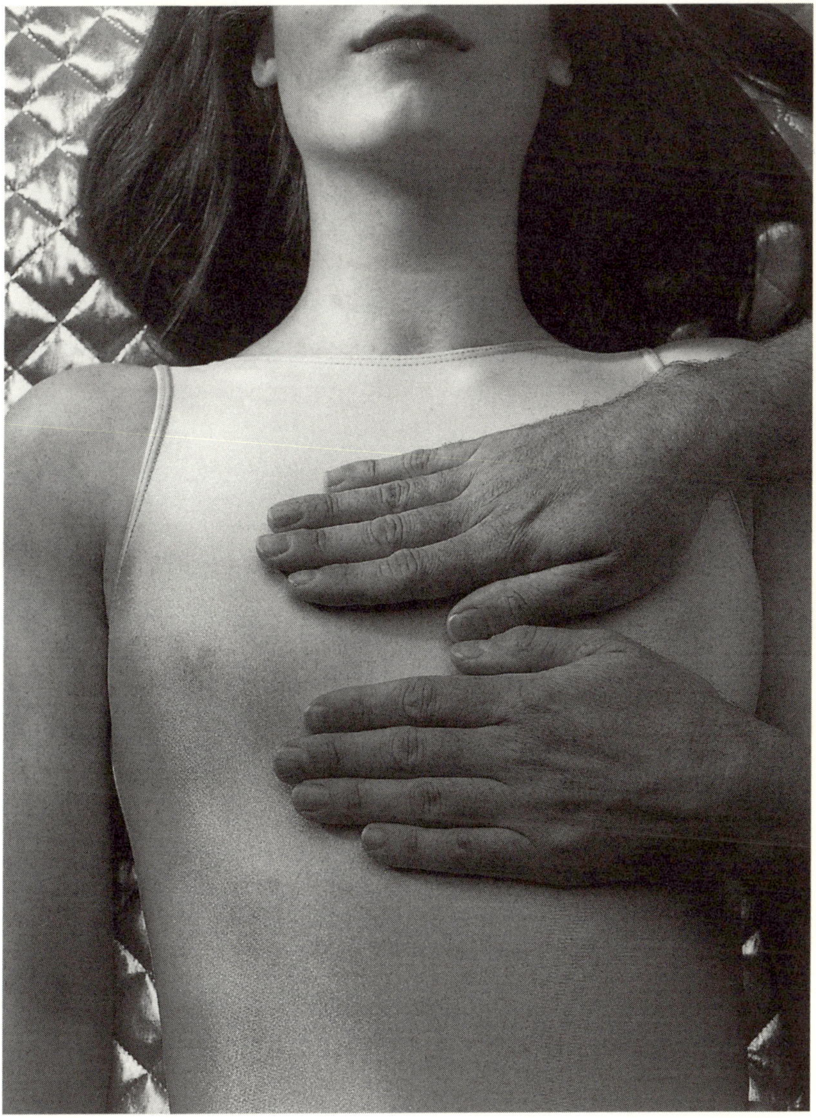

POSITION DER HÄNDE

Die Hände liegen kurz über dem Nabel und auf dem Magen.

Hier befindet sich das 3. Chakra
= Solarplexuschakra oder Sonnengeflecht.

BEHANDELTE KÖRPERTEILE

Durch diese Position wird die gesamte Bauchhöhle, Magen, Leber, Milz, Gallenblase, das Verdauungssystem und das vegetative Nervensystem erreicht.

DRÜSE

Bauchspeicheldrüse.
Die Bauchspeicheldrüse produziert Insulin.

BEHANDLUNG PSYCHISCHER BESCHWERDEN

Nervosität, Schlaflosigkeit, Schock, Streß, Angst sowie Fettsucht und Magersucht.
In diesem Chakra verarbeiten wir unsere Erfahrungen und Gefühle.

BEHANDLUNG KÖRPERLICHER BESCHWERDEN

Magen- und Darmerkrankungen, Sodbrennen, Stoffwechselerkrankungen.

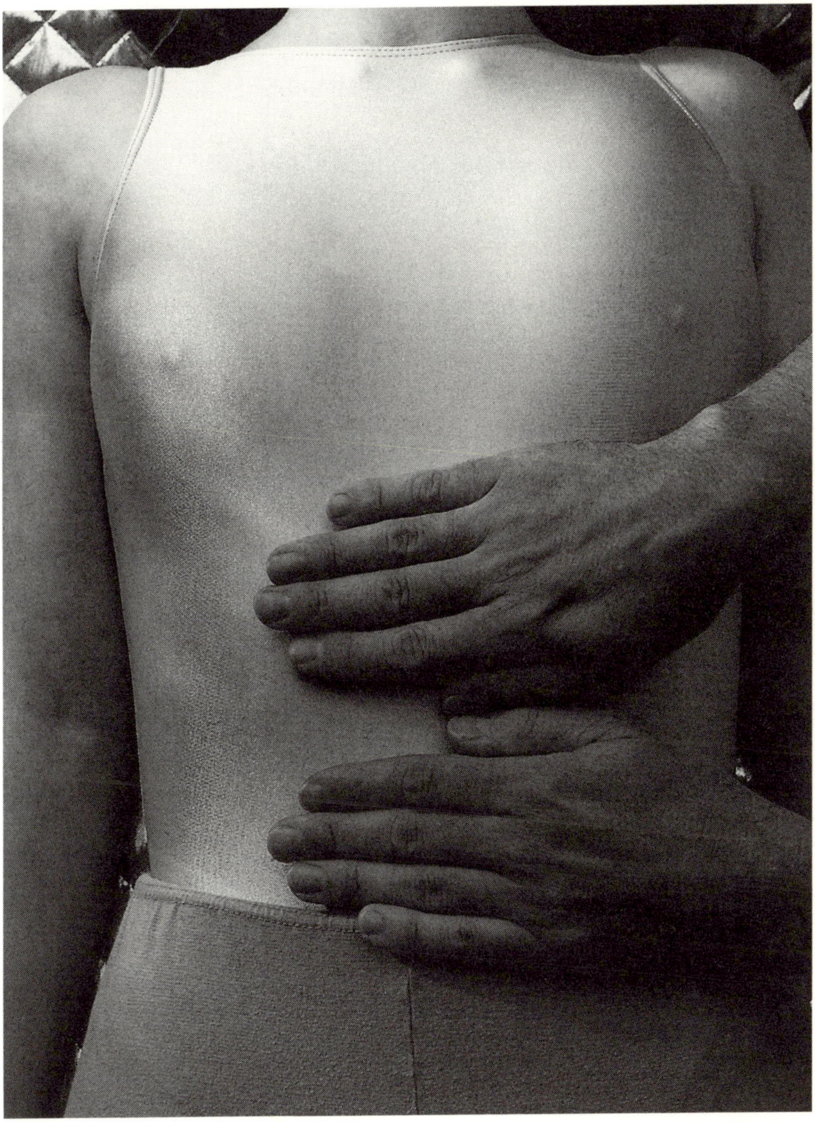

POSITION DER HÄNDE

Die Hände liegen oberhalb des Schambeins.

Hier befindet sich das 2. Chakra = Sakralchakra.

BEHANDELTE KÖRPERTEILE

Hier wird der gesamte Genitalbereich erreicht:
Gebärmutter, Blase und Nieren, der untere Darmbereich, Blut, Lymphe und Verdauungssäfte.

DRÜSEN

Keimdrüsen, Eierstöcke, Hoden und Prostata.

BEHANDLUNG PSYCHISCHER BESCHWERDEN

Sexualprobleme, wie Frigidität und Impotenz. Berührungsängste, Verdrängung, Gewichtsprobleme, Depressionen.

BEHANDLUNG KÖRPERLICHER BESCHWERDEN

Gynäkologische und urologische Beschwerden, der Darm, Verdauungs- und Wechseljahresbeschwerden, die Lymphe, Krankheiten im unteren Bauchraum, Venen.

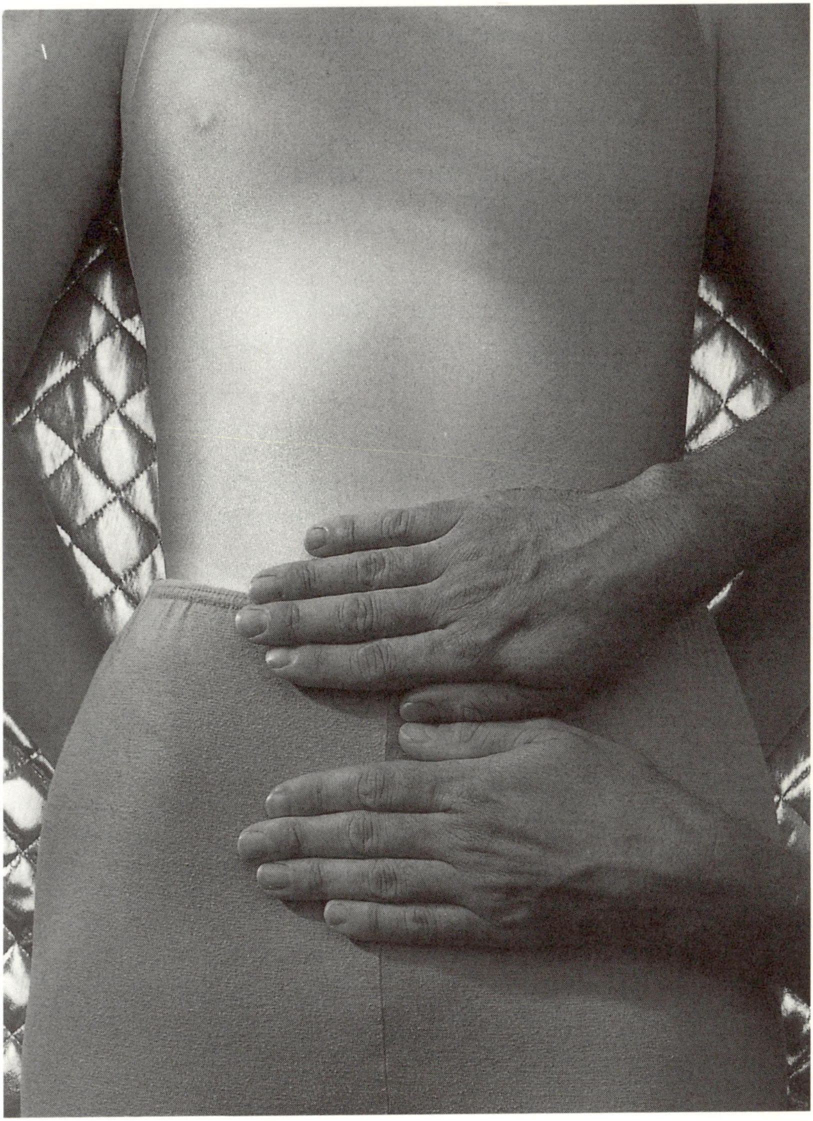

POSITION DER HÄNDE

Die Hände liegen rechts und links auf dem Schlüsselbein.

BEHANDELTE KÖRPERTEILE

Hier werden die Bronchien erreicht.

BEHANDLUNG PSYCHISCHER BESCHWERDEN

Verminderung von Streß und Angstgefühlen.

BEHANDLUNG KÖRPERLICHER BESCHWERDEN

Linderung von Asthma, Bronchitis und Husten.

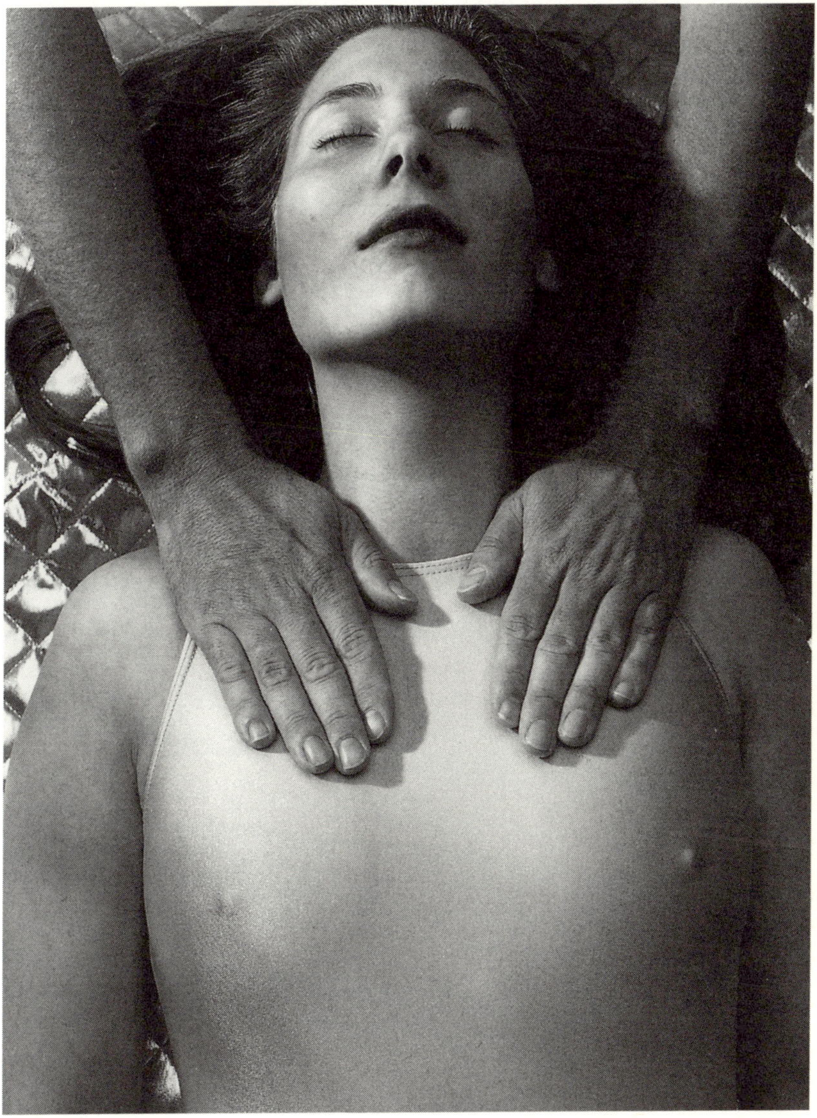

POSITION DER HÄNDE

Die Hände liegen rechts unter der Brust, in Höhe der Taille. Die Fingerspitzen zeigen zum Nabel.

BEHANDELTE KÖRPERTEILE

Hier werden Leber, Gallenblase, Magenpförtner und der Zwölffingerdarm gezielt erreicht.

BEHANDLUNG PSYCHISCHER BESCHWERDEN

Abbau von Erregungszuständen, Depressionen und Angst.

BEHANDLUNG KÖRPERLICHER BESCHWERDEN

Alle Leber- und Gallenerkrankungen wie Hepatitis, Verdauungsstörungen, Blähungen, Magersucht, Magenpförtnerkrampf, Hypertonie.
Bei Stoffwechselkrankheiten wird über diese Position der Körper entgiftet.

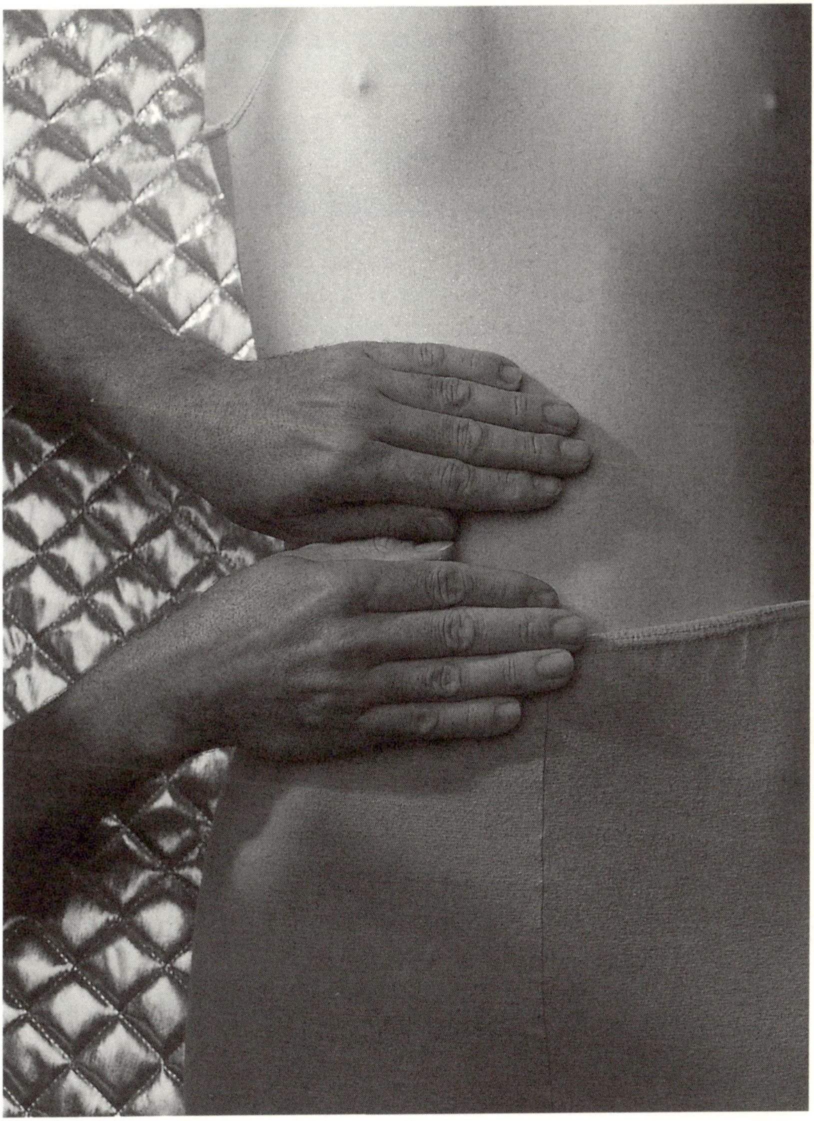

POSITION DER HÄNDE

Die Hände liegen links unter der Brust, in Höhe der Taille. Die Fingerspitzen zeigen zum Nabel.

BEHANDELTE KÖRPERTEILE

Bei dieser Position werden Teile des Magens und der Bauchspeicheldrüse (Insulinproduktion und Enzyme), die Milz sowie Teile von Dickdarm und Dünndarm erreicht.

BEHANDLUNG KÖRPERLICHER BESCHWERDEN

Anämie, Leukämie, das gesamte Abwehrsystem, Diabetes, Infektionen, Krebs und Aids, Zöliakie.

Bei Infektionskrankheiten wie Grippe, Masern und Mumps wird das Abwehrsystem gestärkt.

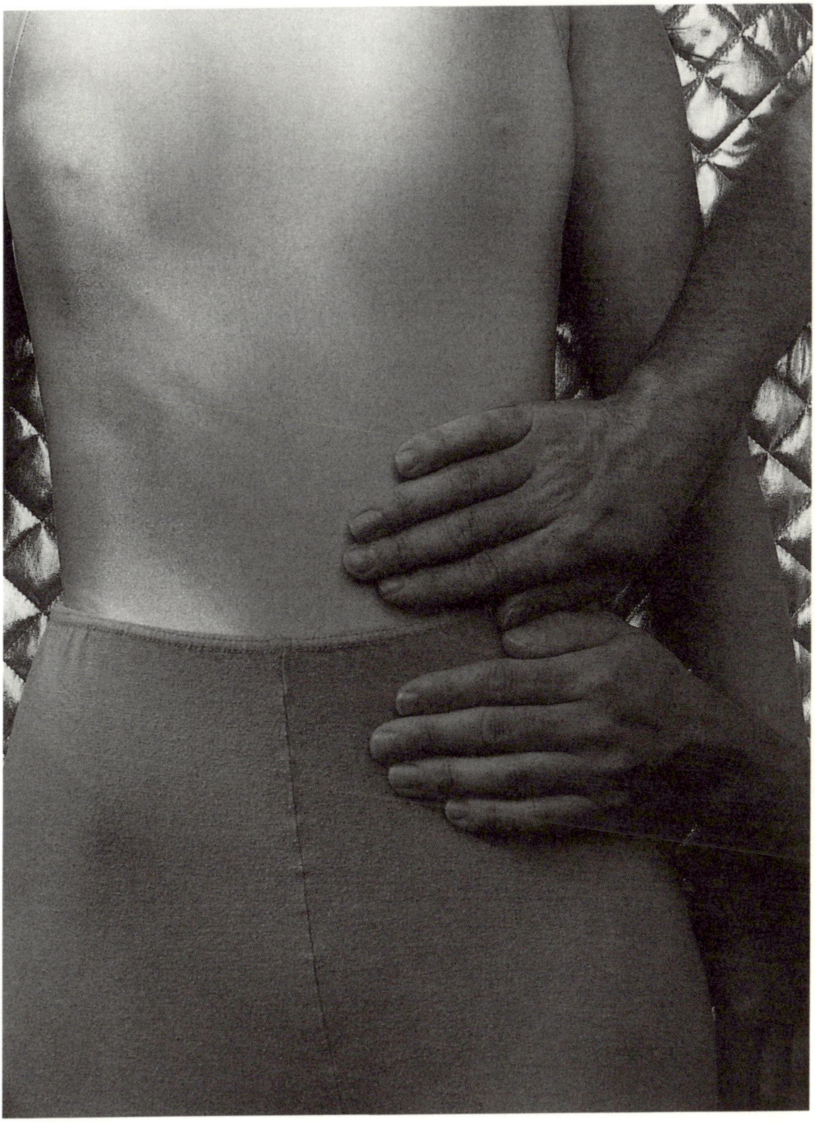

POSITION DER HÄNDE

Die Hände liegen in V-Form in den Leisten.

Mit dieser Position wird das Wurzel- und das Sakralchakra erreicht.

BEHANDELTE KÖRPERTEILE

Hier erreichen wir den gesamten Urogenitalbereich, die Därme, den Blinddarm, die Gebärmutter, die Blase.

BEHANDLUNG PSYCHISCHER BESCHWERDEN

Angstneurosen, sexuelle Schwierigkeiten und Gewichtsprobleme, fehlende Antriebskraft, Perspektivlosigkeit und Pessimismus. Förderung des positiven Denkens.

BEHANDLUNG KÖRPERLICHER BESCHWERDEN

Erkrankungen der Unterleibsorgane, des Kreislaufs und der Verdauung, sowie Wechseljahresbeschwerden.
Bei Brusttumoren wird diese Position zusätzlich angewandt.

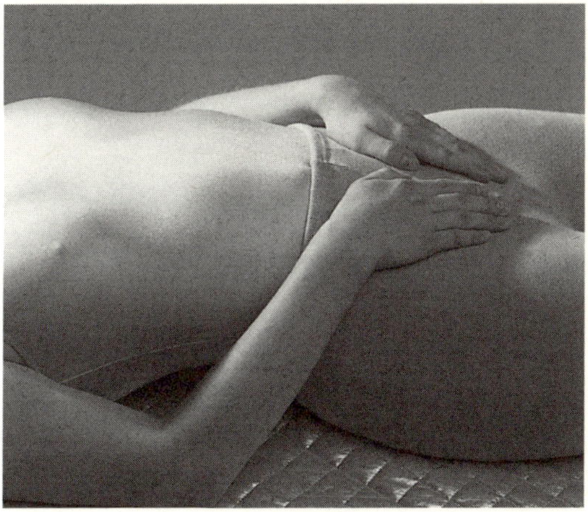

POSITION DER HÄNDE

Die zu behandelnde Person liegt auf dem Bauch. Die Hände liegen in T-Form auf dem Steißbein

Hier befindet sich das 1. Chakra = das Wurzelchakra.

BEHANDELTE KÖRPERTEILE

Positive Einwirkung auf Wirbelsäule, Knochen, Zähne und Nägel; zudem das Rektum, die Därme, das Blut, der Zellaufbau und der Ischias.

DRÜSE

Nebennieren.

BEHANDLUNG PSYCHISCHER BESCHWERDEN

Der Bezug zur Wirklichkeit wird wieder hergestellt. Zukunftsängste verschwinden.
Im 1. Chakra werden Zufriedenheit, Stabilität und innere Stärke gefördert. Es fällt leichter, seine Ziele zu verwirklichen. Das Urvertrauen wächst.

BEHANDLUNG KÖRPERLICHER BESCHWERDEN

Verdauungsprobleme, Darmentzündungen, Hämorrhoiden, alle Arten von Knochen-, Zahn- und Bluterkrankungen, besonders die Osteoporose.

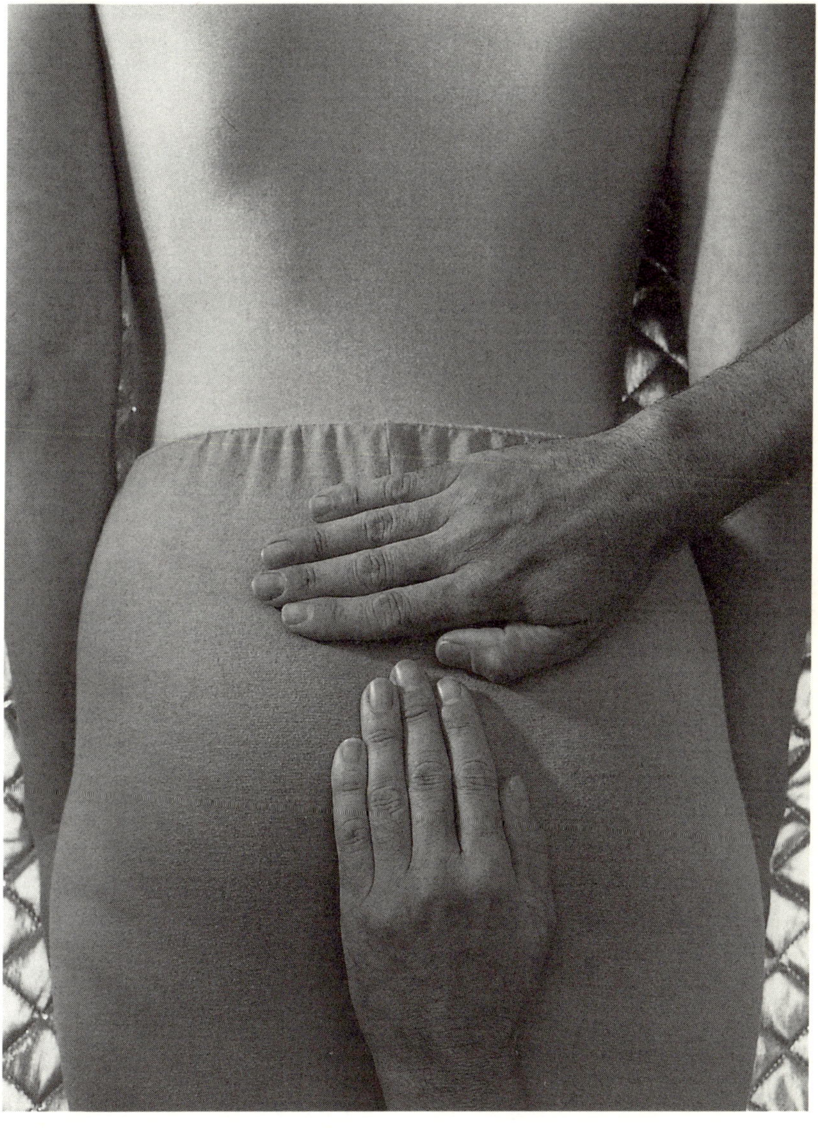

POSITION DER HÄNDE

Die Hände liegen rechts und links in Nierenhöhe auf dem Rücken.

BEHANDELTE KÖRPERTEILE

Erreicht werden die Nieren, der Darm und der Ischias.

BEHANDLUNG PSYCHISCHER BESCHWERDEN

Sexuelle Schwierigkeiten, Berührungsängste, Panik.

BEHANDLUNG KÖRPERLICHER BESCHWERDEN

Entgiftung des Körpers und der Aussscheidungsorgane wird angeregt. Positiver Einfluß bei Nierenerkrankungen zum Beispiel Nephritis, Stoffwechselkrankheiten sowie allergischen Reaktionen.

Besonders wichtig ist diese Position nach einem Schock und bei Verbrennungen, um Nierenversagen zu verhindern.

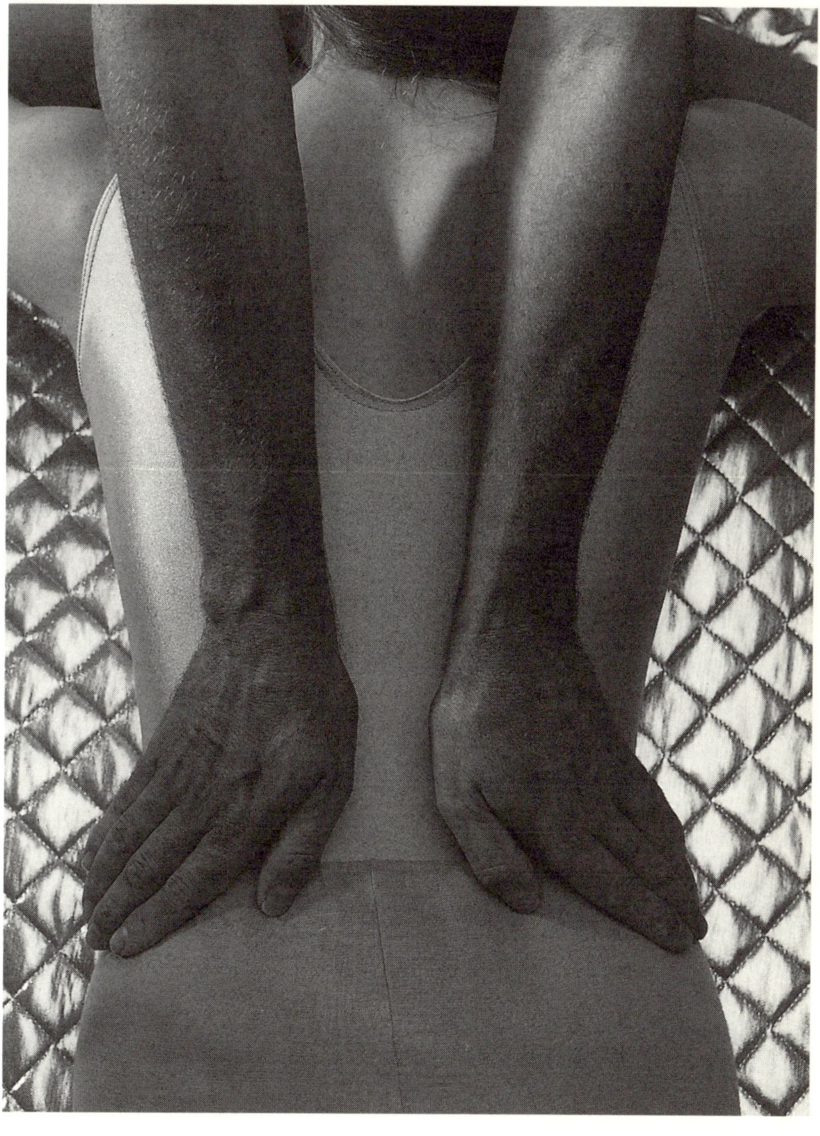

POSITION DER HÄNDE

Die Hände liegen rechts und links in Herzhöhe neben der Wirbelsäule. Die Fingerspitzen zeigen zu den Schulterblättern hin.

BEHANDELTE KÖRPERTEILE

Erreicht werden Lungen- und Herzbereich. Lokale Behandlung der Wirbelsäule und der Schulterblätter.

BEHANDLUNG PSYCHISCHER BESCHWERDEN

Abbau von Gefühlsblockaden, Ängsten und Depressionen. Verspannungen lösen sich.

BEHANDLUNG KÖRPERLICHER BESCHWERDEN

Lungenentzündung, Husten, Herzerkrankungen, Rückenschmerzen.

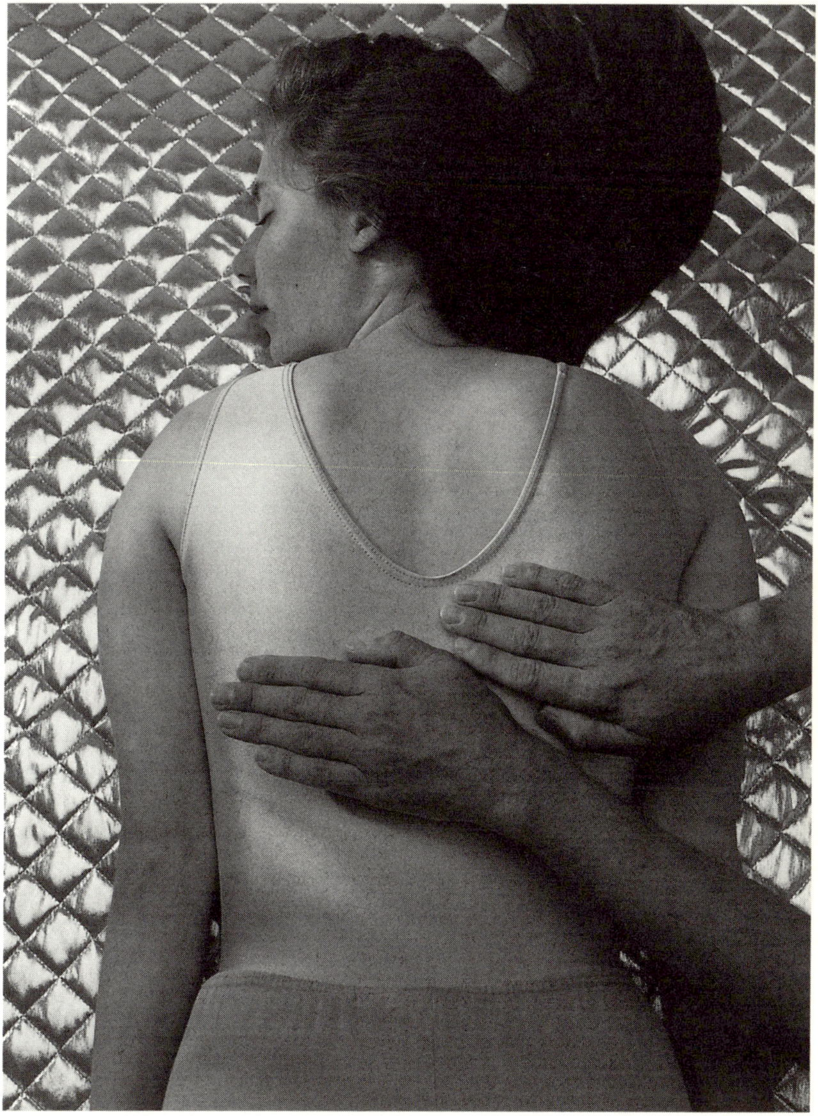

POSITION DER HÄNDE

Die Hände liegen rechts und links auf den Schultern.

BEHANDELTE KÖRPERTEILE

Schulterbereich, Rücken.

BEHANDLUNG PSYCHISCHER BESCHWERDEN

Hier werden Streß und Verspannungen gelöst.
Die Bürde, die man meint, nicht tragen zu können, wird von den Schultern genommen.

BEHANDLUNG KÖRPERLICHER BESCHWERDEN

Lösen von Verspannungen der Muskulatur im Hals- und Schulterbereich sowie im Rücken.

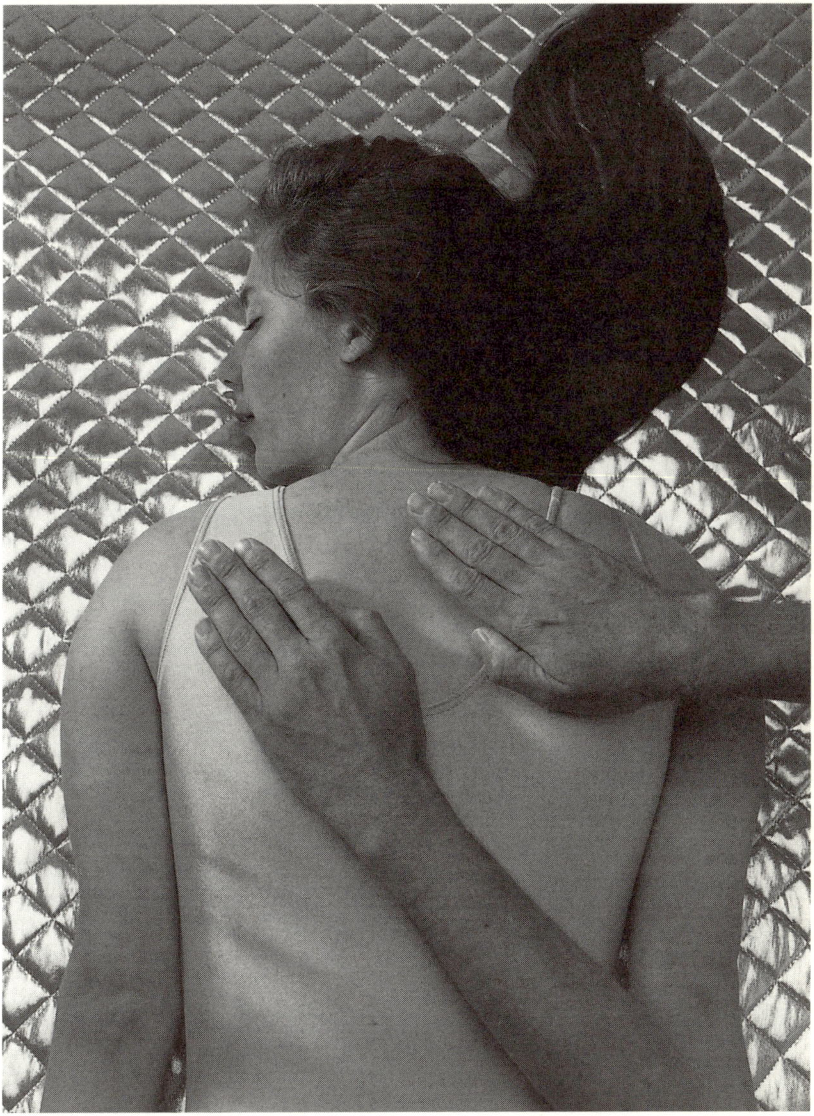

POSITION DER HÄNDE

Die Hände liegen auf dem Nacken in Höhe des 7. Halswirbels.

BEHANDELTE KÖRPERTEILE

Nacken, Hals, Wirbelsäule, Nerven.

BEHANDLUNG PSYCHISCHER BESCHWERDEN

Die Angst, die uns im Nacken sitzt, wird genommen.

BEHANDLUNG KÖRPERLICHER BESCHWERDEN

Schmerzen der Wirbelsäule, Nerven, Nackenprobleme und Schleudertrauma.

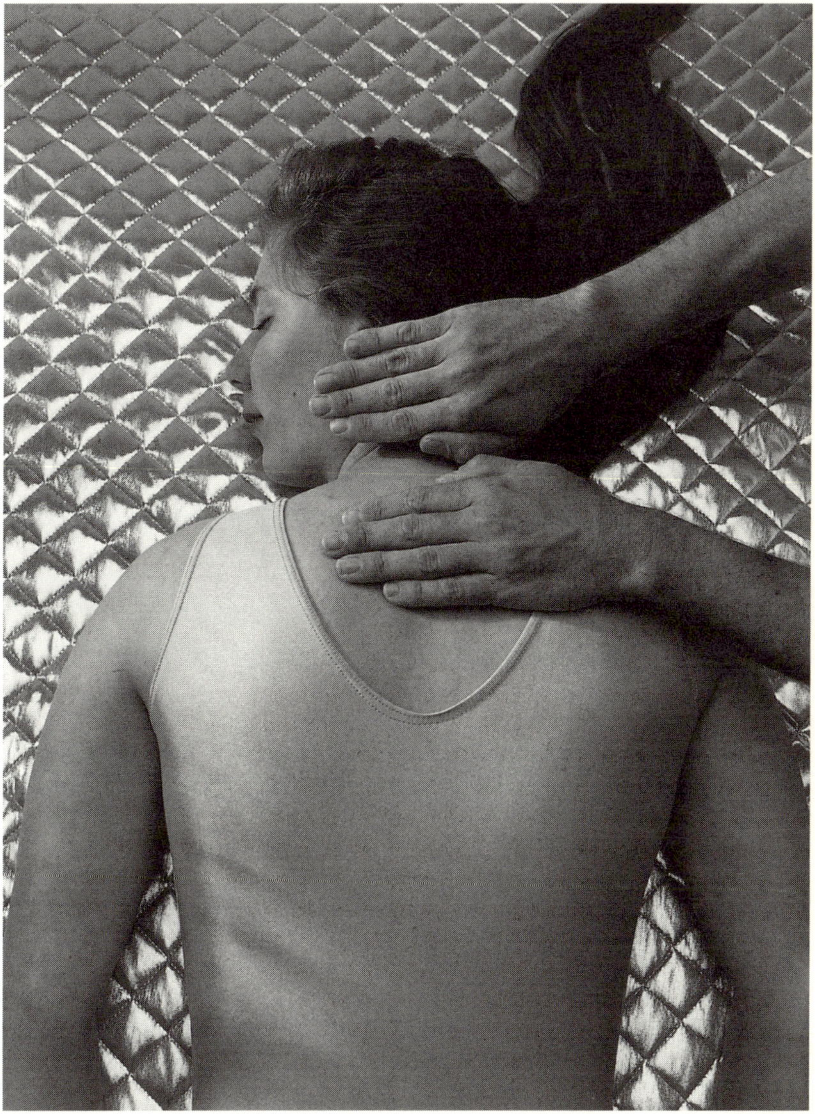

POSITION DER HÄNDE

Die Person liegt auf dem Bauch. Die Hände liegen in den Kniekehlen.

BEHANDELTE KÖRPERTEILE

Hier wird der gesamte Bereich des Knies positiv beeinflußt.

BEHANDLUNG PSYCHISCHER BESCHWERDEN

Lösen von Gefühlsblockaden.

BEHANDLUNG KÖRPERLICHER BESCHWERDEN

Arthritis, Schleimbeutelentzündung und Sportverletzungen.

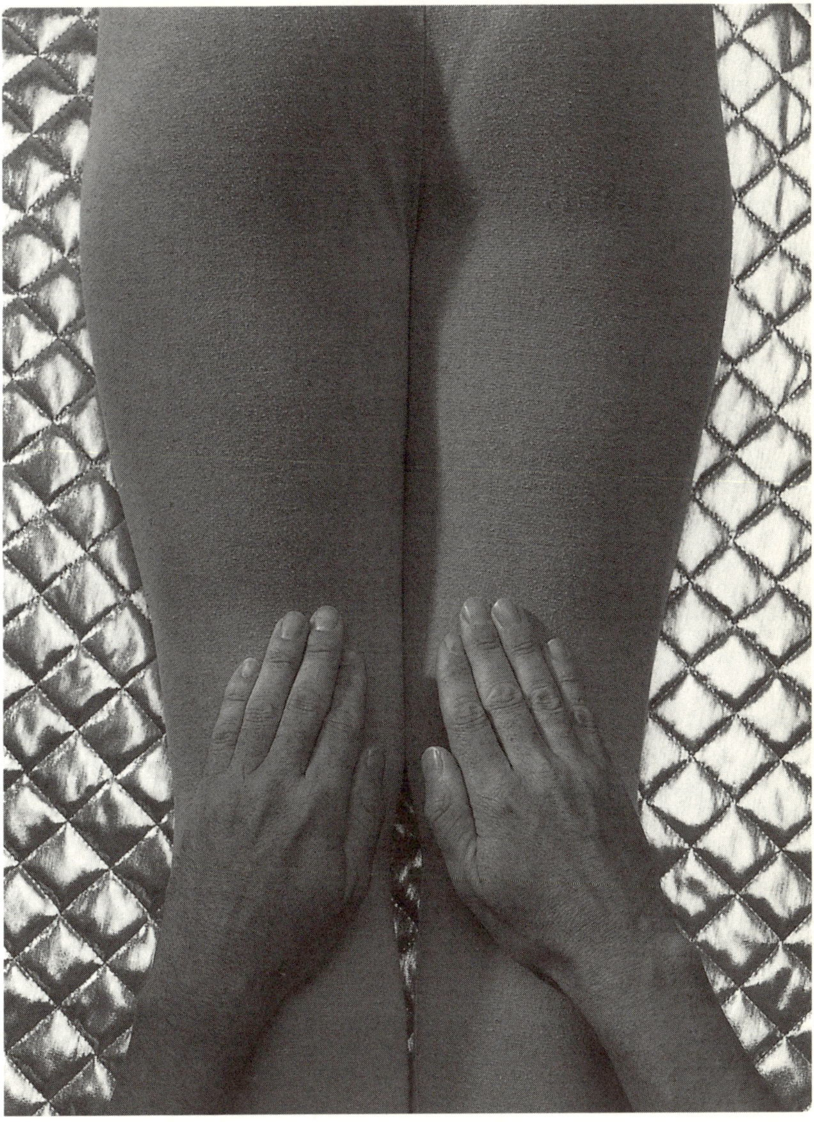

POSITION DER HÄNDE

Die Person kann auf dem Bauch oder auf dem Rücken liegen. Die Hände umschließen die Knöchel.

BEHANDELTE KÖRPERTEILE

Hier werden Gelenkschäden sowie Erkrankungen im gesamten Beckenbereich erreicht.

BEHANDLUNG PSYCHISCHER BESCHWERDEN

Fehlendes Vertrauen, Standfestigkeit.

BEHANDLUNG KÖRPERLICHER BESCHWERDEN

Arthrose, Rheuma, Wirbelsäulenschäden bis zum Beckenbereich; Harnwegsinfekte.

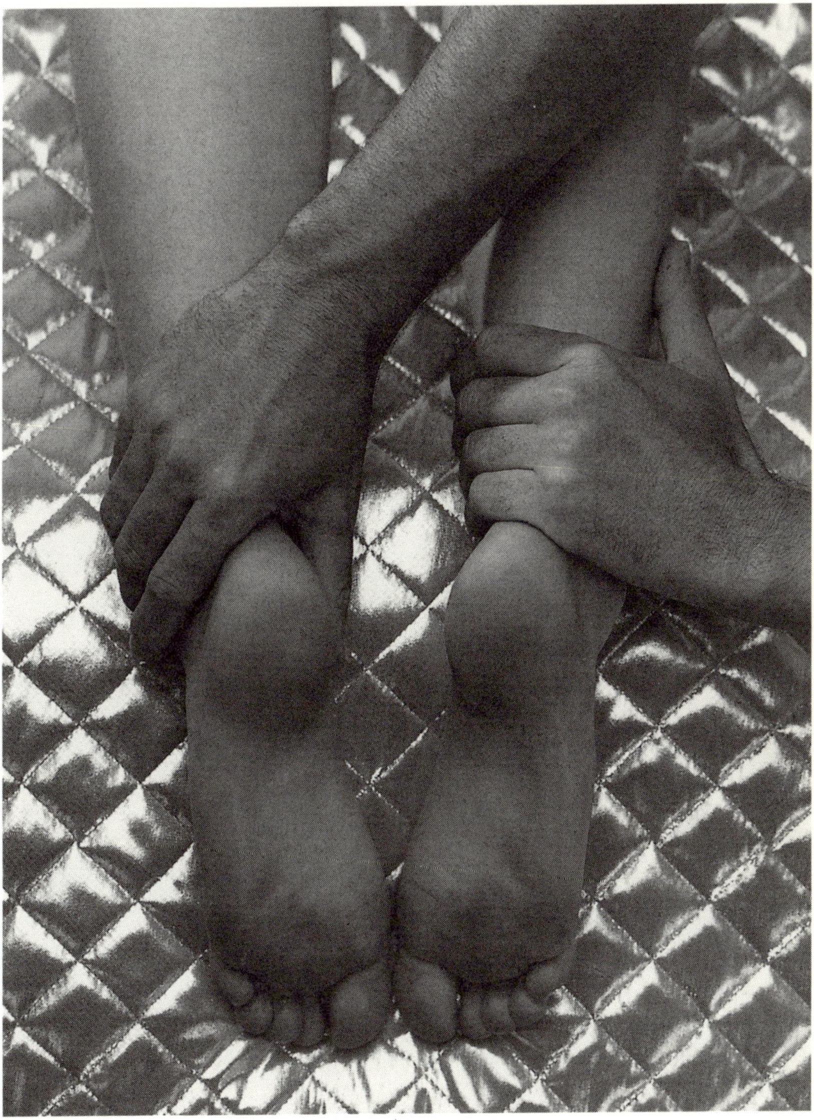

POSITION DER HÄNDE

Die Person kann auf dem Bauch oder auf dem Rücken liegen. Die Hände liegen auf den Fußsohlen.

BEHANDELTE KÖRPERTEILE

Hier werden sämtliche Akupunkturpunkte erreicht und aktiviert.
Diese Position dient zur Unterstützung fast aller anderen Positionen.

Diese Position ist besonders nach einem Koma und zur Behandlung nach einem Schock anzuwenden.

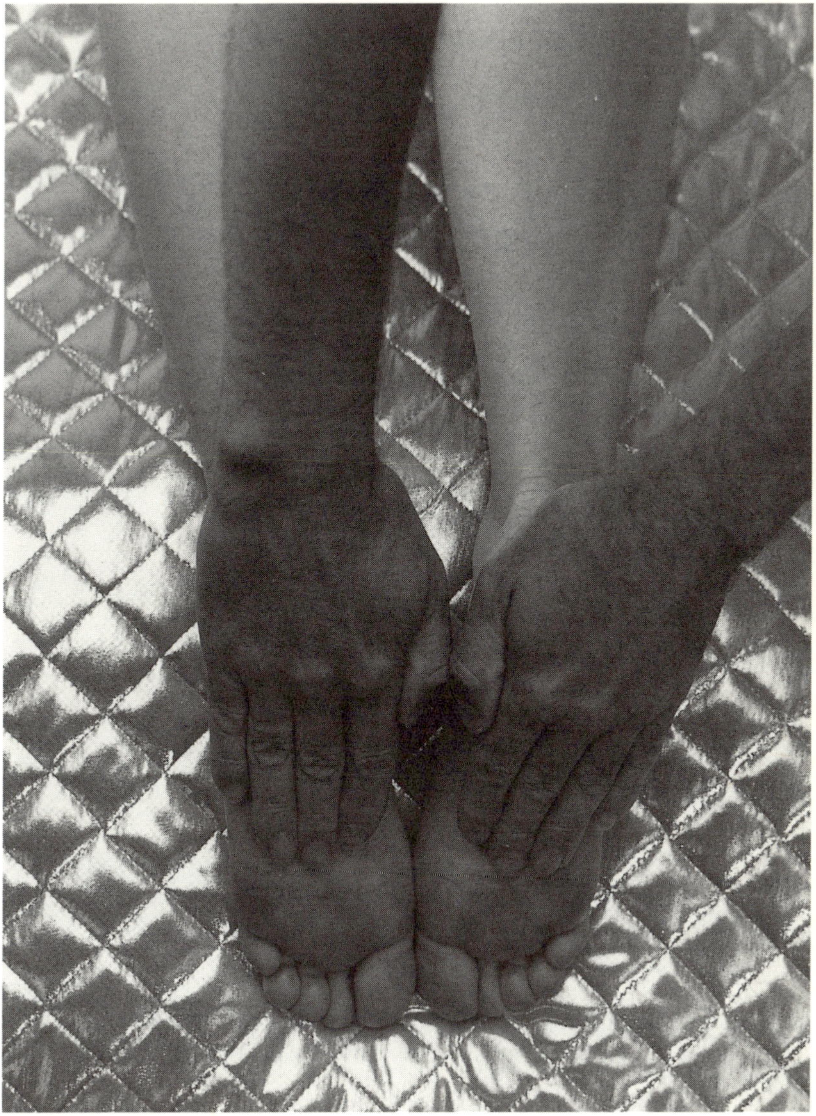

POSITION DER HÄNDE

Die Person liegt auf dem Bauch.
Eine Hand liegt auf dem Kreuzbein, die andere auf der Fußsohle des Beines, in das der Schmerz hineinzieht.

BEHANDELTE KÖRPERTEILE

Ischiasnerv.

BEHANDLUNG PSYCHISCHER UND KÖRPERLICHER BESCHWERDEN

Bei dieser Position handelt es sich um eine Sonderposition zur Behandlung des Ischiasnervs.
Die Behandlungsdauer sollte mindestens 10 Minuten betragen.

Mit diesen Übungen ist der zweite Tag und ein Teil des dritten Tages vergangen. Alle Teilnehmer hatten die Möglichkeit, selbst zu üben und die Übungen an sich ausprobieren zu lassen. Alle sind hochmotiviert. Die Teilnehmer bilden eine Einheit, viele Gefühle wurden frei, und jeder fiebert der Einweihung entgegen.
Um nach der Theorie und der Unruhe, die die praktischen Übungen mit sich brachten, wieder eine entspannte und aufnahmefähige Stimmung zu schaffen, nehme ich die Teilnehmer mit auf eine *Chakrenreise*. Dazu spiele ich leise Meditationsmusik, der Raum wird abgedunkelt und nur durch Kerzenlicht erhellt. Duftaromen sorgen zusätzlich für eine entspannte Atmosphäre. Es sind die gleichen Vorbereitungen wie zu einer Reiki-Behandlung. Durch diese Chakrenreise kehren Ruhe und Ausgeglichenheit ein, eine feierliche Stimmung breitet sich aus.
Während dieser Meditation werden die einzelnen Chakren angesprochen. Ich bereite die Schüler auf diese Chakrenreise vor, indem ich darauf hinweise, daß sie nun selbst ihre Chakren möglicherweise spüren werden. Die Wirkung kann unterschiedlich sein. Manche spüren eine wohlige Wärme oder ein Kreisen. Einige Schüler sahen die Farben der jeweiligen Chakren voraus. Es ist eine sehr emotionale Erfahrung, Gefühle werden frei, und viele weinen am Ende dieser Reise. Hinterher ist der Wunsch, über das Erlebte und diese neuen Erfahrungen zu sprechen, sehr groß. Die Vertrautheit der Gruppe läßt es nun zu, daß man über die dabei freigewordenen Gefühle und Erlebnisse spricht. Erst jetzt wird meinen Schülern deutlich, was Chakren sind und welche Kraft sie in Händen halten, wenn sie mit Reiki arbeiten können.
Danach biete ich meinen Schülern eine Chakrenbehandlung an. Jeder darf sich wünschen, welches Chakra mit Reiki behandelt werden soll. Durch die während der Chakrenreise gemachten Erfahrungen sind diese Wünsche sehr individuell. Die meisten neigen dazu, das Herz-Chakra, das Chakra, in dem die Gefühle zu erreichen sind, öffnen zu lassen. Die anderen dürfen bei der Behandlung zusehen. Auch danach schließt sich ein Gruppengespräch an. Die Erfahrungen sind vielfältig und lassen sich hier im einzelnen nicht darstellen.

Nach diesen Vorbereitungen beginne ich mit den Einweihungen. Dabei sind Meister und Schüler allein im Raum. In dem Einweihungsraum habe ich bestimmte Vorbereitungen getroffen. Jeder Schüler empfindet die Einweihung anders. Es ist eine heilige Handlung, die durch Gebete und Salbung mit Öl ihre Weihe erhält. Meine Schüler spüren, wie sie mit Energie durchflutet und als Kanal geöffnet werden.

Durch die Einweihung in den ersten Grad sind meine Schüler befähigt, bei sich selbst und anderen Reiki anzuwenden. Eine Behandlung sollte mindestens 20 Minuten dauern.

Reiki 1. Grades befähigt zur:

- Tiefenentspannung
- Auflösung von Blockaden
- Entgiftung des Körpers
- Zuführung positiver Lebensenergie

Weitere Fähigkeiten lassen sich bei der Einweihung in den 2. Reiki-Grad erwerben. Ich verabschiede meine Schüler mit der Zusage, daß sie sich jederzeit an mich wenden können, und bei mir Rat finden werden. Zur Erinnerung erhalten meine Schüler von mir mein Buch „Reiki. Heilkraft der Hände“ und eine Audiokassette mit Meditationsmusik als Geschenk.

Vorbereitung und Einweihung

Auch für das Seminar zum 2. Grad rechne ich mit zwei bis drei Tagen Vorbereitung. Meine Schüler verfügen bereits über ein umfangreiches theoretisches Wissen, und haben mit ihren Kenntnissen aus dem 1. Grad praktisch gearbeitet. Zwischen der Einweihung vom 1. in den 2. Grad sollte mindestens ein Zeitraum von acht bis zwölf Wochen vergangen sein.
Meistens kennen sich im zweiten Seminar bereits einige der Teilnehmer durch das 1. Seminar oder durch Besuche bei mir. Um eine Atmosphäre des Vertrauens herzustellen, geben sich die Teilnehmer gegenseitig Reiki. Dabei überprüfe ich, inwieweit sich das Wissen aus dem 1. Seminar gefestigt und vertieft hat.
In Reiki 2. Grades sollten nicht Menschen eingeweiht werden, die darin eine Prestigeangelegenheit sehen. Um hier eine natürliche Schranke zu setzen, ist das Honorar auch entsprechend höher als für die Einweihung zum 1. Grad.
Die Einweihung zum 2. Grad befähigt uns, eine Behandlung mit geheimen Schutzzeichen durchzuführen. Die Intensität der positiven Lebensenergie wird dadurch erhöht und die Behandlungszeit verkürzt. Wo bisher mindestens 20 Minuten Behandlungsdauer nötig waren, kommt man nun mit einer erheblich kürzeren Zeit aus. Das wichtigste ist jedoch, daß man nun auch mental behandeln kann, wobei Zeit und Raum keine Rolle mehr spielen.
Die Eingeweihten in den 2. Grad lernen die geheimen Zeichen, mit denen diese Art der Behandlung möglich ist. Diese Zeichen werden während des Seminars geübt und sollen sich dauerhaft einprägen. Sie werden nur vom Meister an den Schüler weitergegeben.
Bei der Einweihung zeichnet der Meister diese Zeichen auf die Stirn des Schülers und prägt sie dauerhaft ein. Nur durch diese Einweihung durch den Meister werden die Zeichen wirksam.

Die Chakren

Wer ganzheitlich mit Reiki arbeiten möchte, sollte sich grundsätzlich ein vertieftes Wissen über die Chakren aneignen.
Die Chakren werden bereits in den alten Sanskrit-Schriften erwähnt. In die westliche Welt kam der Begriff über das Tantra-Yoga.
Das Wort Chakra bedeutet: Rad, Schwungrad oder Kreis. Yogis stellen als Meditationsbild Chakren als Lotusblüten dar.
Jedem Chakra werden unterschiedlich viele Blütenblätter zugeordnet. Die Zahl der Blütenblätter steigt vom Wurzelchakra, das als vierblättrige Lotusblüte dargestellt wird, bis zum Mandala oder Kronenchakra als tausendblättrige Lotusblüte.
In manchen Beschreibungen wird das Chakra auch Padma = Lotusblüte genannt. Durch die Anzahl der Blütenblätter wird etwas über die Zunahme der energetischen Schwingungsfrequenz des Chakra ausgesagt.
Chakren sind feinstoffliche Energiezentren in unserem Körper, über die wir in besonderem Maße in der Lage sind, Reiki aufzunehmen.
Unser Körper verfügt über sieben Hauptchakren, auf die ich in den nachfolgenden Kapiteln einzeln eingehen werde. Die einzelnen Chakren sind durch einen Energiekreislauf miteinander verbunden.
Hellsichtige können die Chakren als sich drehende Kreise mit unterschiedlichen Farben erkennen. Das Sehen dieser Farben ist etwas sehr Individuelles und Subjektives. Die von mir erkannten Farben entsprechen den Spektralfarben des Regenbogens und werden von mir bei der Beschreibung der einzelnen Chakren zugeordnet.
Chakren sind der Spiegel unserer Seele. Alle Erfahrungen, gute und schlechte, die wir im Laufe unseres Lebens gemacht haben, beeinflussen das Verhalten der Chakren. Durch negative Einflüsse und Erlebnisse entstehen Blockaden, die den kreisenden Fluß der Energie stören. Je nach Veranlagung reagiert ein Mensch aggressiv oder introvertiert auf seine Umwelt.
Jedes Chakra hat eine seelische und eine körperliche Zuordnung. Wo wir in unseren Gefühlen verletzt wurden, bleiben die körperlichen Leiden nicht aus, und somit schließt sich der Kreis.
So wie jedes Chakra einem emotionalen Bereich zugeordnet ist, können Störungen auf diesem Gebiet auf die entsprechenden Organe, Sinnesfunk-

tionen, Körperteile und Stoffwechselprozesse transformiert werden. Oft ist ein Chakra so stark blockiert, daß der Mensch sich hilflos, energielos und handlungsschwach fühlt.
Wie kaum eine andere Behandlungsmethode bietet uns Reiki die Möglichkeit zur Lösung dieser Blockaden. Durch die Chakren fließt die über Reiki gegebene positive Energie ein und negative Energie tritt aus. Gebe ich Reiki, spüre ich in meinen Händen den Fluß der Energie.
An der Intensität der fließenden Energie erkenne ich die Störungen der Chakren. Je mehr Energie fließt, um so mehr ist das Chakra blockiert. Eine „Überdosis" von Reiki ist nicht möglich. Der Körper nimmt immer nur so viel von dieser positiven Lebensenergie auf, wie er braucht, oder zur Zeit in der Lage ist, zu verarbeiten. Durch diese Behandlung werden Chakren geöffnet, Blockaden werden frei und eventuelle Krankheitssymptome positiv beeinflußt.
Durch den Energiekreislauf, mit dem die Chakren untereinander und mit den Organen verbunden sind, ist es möglich, jede Krankheit über das entsprechende Chakra zu behandeln.
Bei der behandelten Person können starke emotionale Reaktionen auftreten, zum Beispiel ein befreiendes Weinen. Anschließend fühlt sie sich ruhig und entspannt. Der Wunsch, über die erlebten Gefühle zu sprechen, ist groß, und oft hat dieser Mensch ein großes Glücksgefühl erfahren, wie er es lange nicht mehr erlebt hat.
Heilungsprozesse, die durch Reiki angeregt wurden, können durch andere Heilmethoden verstärkt werden. Nach meinen Erfahrungen haben Therapien mit Farben, Duftölen, Musik, Edelsteinen und Bachblüten besonders große Erfolge gezeigt. In meiner Praxis bevorzuge ich die Behandlung mit Bachblüten.

Die sieben Chakren (Kraftzentren) des Menschen:
1. Wurzelchakra, 2. Sakralchakra, 3. Solarplexuschakra,
4. Herzchakra, 5. Halschakra,
6. Stirnchakra, 7. Kronenchakra (Mandala)

1. Chakra

Muladhara-cakra = Wurzelchakra

Das Wurzelchakra liegt im Bereich des Beckenbodens zwischen Anus und Genitalien und öffnet sich nach unten.
Das *Meditationsbild* ist die *vierblättrige Lotusblüte.*
Die *Farbe* des Wurzelchakras ist ein leuchtendes *Rot.*
Das ihm zugeordnete *Element* ist die *Erde.*

- Dem Wurzelchakra werden alle festen Stoffe im Körper (Knochen, Zähne und Nägel), Füße und Beine zugeordnet. Das Verdauungssystem mit Anus, Prostata, Blut und Zellaufbau wird über das Wurzelchakra erreicht. Das Empfindungsorgan des Wurzelchakras ist die Nase – der Geruchssinn.

Störungen des Wurzelchakras

Diese lassen sich an folgendem Verhalten erkennen: Die Person hat extreme Angst, körperlich oder seelisch verletzt zu werden. Es fällt ihr leicht, anderen weh zu tun, um nicht selbst verletzt zu werden. Extremer Egoismus zeichnet diese Personen aus. Blockaden des Wurzelchakras lassen sich an einem ausgeprägten materiellen Denken und Handeln erkennen. Die Sinnlichkeit ist zur Triebhaftigkeit gesteigert, und Gefühle werden abgelehnt. Menschen mit gestörtem oder blockiertem Wurzelchakra neigen wie Traumtänzer zur Flucht vor der Wirklichkeit und sind teilweise auch suchtgefährdet (Alkohol, Nikotin, im schlimmsten Falle Drogen).

Ausgeglichenes Wurzelchakra

Es vermittelt das Gefühl der Sicherheit. Die Angst, machtlos zu sein, ist überwunden, und Liebe und Vertrauen sind vorhanden. Die Verbindung zur Erde, zum Beständigen, stellt den Bezug zur Realität her. Sensitive Menschen mit einem ausgeglichenen Wurzelchakra sind in der Lage, ihre spirituellen Fähigkeiten auszuschöpfen und ihre Anlagen zu vervollkommnen. Dazu gehören die Fähigkeiten, den Körper zu verlassen, Visionen ohne Angst wahrzunehmen und Hellsichtigkeit.

Svadhisthana-cakra = Sakralchakra

Das Sakralchakra befindet sich auf der Höhe des Schambeins und öffnet sich nach vorne.
Das *Meditationsbild* ist die *sechsblättrige Lotusblüte.*
Die *Farbe* des Sakralchakras ist *Orange.*
Das ihm zugeordnete *Element* ist das *Wasser*

- Über das Sakralchakra wird der gesamte Beckenraum, das heißt die Fortpflanzungsorgane, die Nieren, die Blase sowie alles Flüssige: Blut, Lymphe, Verdauungssäfte und Sperma positiv beeinflußt. Das Empfindungsorgan ist die Zunge – der Geschmackssinn.

Stör*ungen des* Sakral*chakras*

Diese lassen sich an folgendem Verhalten erkennen: Die Person handelt irrational und hat ein gestörtes Selbstbewußtsein. Sie hat Bindungsängste, Angst davor, eine Familie zu gründen. Sie neigt zu Frigidität, Prüderie oder zu sexueller Überreizung bis hin zu zwanghaften sexuellen Fehlsteuerungen. Mit ihrer grundlosen Eifersucht terrorisiert sie den Partner oder andere nahestehende Personen.
Unverarbeitete Kindheitserlebnisse schlagen sich hier nieder. Es fehlte die Geborgenheit im Elternhaus. Der Person mangelt es an Disziplin und Durchhaltevermögen. Solche Personen scheitern stets an Diäten oder können ihre sexuellen Begierden nicht zügeln.

*Aus*geglichenes *Sakral*chakra

Es befähigt zu einer seelisch-körperlichen Übereinstimmung in der Partnerschaft. Der Mensch vertraut seinen Instinkten, und das Umfeld spürt seine Vitalität. Er ruht in sich und hat einen ausgeprägten Familiensinn.
Wenn Wurzelchakra und Sakralchakra im Einklang miteinander sind, hat ein Mensch mit sensitiven Anlagen die Möglichkeit, seine Fähigkeit zu vervollkommnen.

Manipura-cakra = Solarplexuschakra oder Sonnengeflecht

Das Solarplexuschakra befindet sich in Höhe des
Nabels und öffnet sich nach vorne.
Das *Meditationsbild* ist die *zehnblättrige Lotusblüte.*
Die *Farbe* des Solarplexuschakras ist *Gelb.*
Das ihm zugeordnete *Element* ist das *Feuer.*

- Das Solarplexuschakra stellt die Verbindung zur gesamten Bauchhöhle, zu Magen, Leber, Milz, Gallenblase und dem Verdauungssystem her. Es ist das Chakra für das vegetative Nervensystem. Das Empfindungsorgan ist das Auge – der Sehsinn.

Störungen des Solarplexuschakras

Diese lassen sich an folgendem Verhalten erkennen: Es ist das Zentrum psychosomatischer Erkrankungen. Die Person neigt zu Streß, Ärger und Nervosität. Das Gefühlszentrum ist gestört, und der Umgang mit anderen Menschen erschwert. Sie vertraut nicht auf ihre Instinkte, hat ihre eigene Identität verloren und lebt gefühlsmäßig nach der Vorstellung anderer. Sie akzeptiert den eigenen Körper nicht. Die Reaktionen auf das Umfeld sind Angst, Unsicherheit und Wut.
Das Solarplexuschakra ist das Zentrum aller Emotionen. Hier werden Wut und Haß, Trauer und Freude verarbeitet.

Ausgeglichenes Solarplexuschakra

Ein solcher Mensch ruht in seiner Mitte und wirkt auf seine Umwelt stabil. Es ist ein tatkräftiger Mensch, der Entscheidungen trifft und Verantwortung übernimmt. Er reagiert sensibel und folgt bei seinen Entscheidungen seiner Intuition. Menschen mit einem ausgeglichenen Solarplexuschakra sind sehr einfühlsam und offen für die Probleme anderer. Medial veranlagte Menschen können hier ihre telepathischen Fähigkeiten verstärken. Sie haben den sogenannten Röntgenblick.

Anahata-cakra = Herzchakra

Das Herzchakra befindet sich in Höhe des
Herzens in der Mitte des Brustkorbs und öffnet sich nach vorne.
Das *Meditationsbild* ist die *zwölfblättrige Lotusblüte.*
Die *Farben* des Herzchakras sind *Rosa und Grün.*
Das ihm zugeordnete *Element* ist die *Luft.*

- Als Körperteile werden Herz, unterer Lungenbereich, das Blutkreislaufsystem und das Blut behandelt. Das Empfindungsorgan ist die Haut - der Tastsinn.

Störungen des *Herz*chakras

Diese lassen sich an folgendem Verhalten erkennen: Pessimismus und ein negatives Weltbild machen das Chakra inaktiv. Egoistische Liebe und Egozentrik erschweren den Umgang mit diesem Menschen. Der Egozentriker liebt nur sich selbst und nimmt keine Rücksicht auf die Gefühle anderer. Er ist sprunghaft, unstet und kann schwer „nein“ sagen. Er ist ein Mensch, der sich bedingungslos ausliefert bis hin zur Hörigkeit.

*Aus*geglichenes *Herz*chakra

Ein solcher Mensch zeichnet sich durch Nächstenliebe aus, ist mitfühlend und harmonisch. Seine herausragende Eigenschaft ist ein gesunder Optimismus. Er ist bereit, Liebe anzunehmen und weiterzugeben.
Das Herzchakra ist der Sitz der reinen Liebe. Dieses Chakra ist das Zentrum, das uns befähigt, die universelle Lebensenergie - Reiki - aus den Händen fließen zu lassen und andere zu heilen.

Akt*ives* Herz*chakra*

Es befähigt dazu, Dinge mental zu beeinflussen. Möglich sind beispielsweise Gedankenübertragung und Fernheilung. „Der Wille kann Berge versetzen.“ Alles, was man ernsthaft erreichen möchte, wird in Erfüllung gehen.

5. Chakra

Visuddha-cakra = Halschakra

Das Halschakra befindet sich an der Vorderseite des Halses,
in der Schlundregion und öffnet sich nach vorne.
Das *Meditationsbild* ist die *sechzehnblättrige Lotusblüte.*
Die *Farbe* des Halschakras ist *Blau.*
Das ihm zugeordnete *Element* ist der *Äther.*

• Lunge, Bronchien, Speiseröhre, Kehle und Kiefer werden über das Halschakra erreicht. Das Empfindungsorgan ist das Ohr – der Gehörsinn.

Störungen des Halschakras

Diese lassen sich an folgendem Verhalten erkennen: Die Fähigkeit zur Kommunikation ist gestört. Bei passiven Verhaltensstörungen kann der Mensch nicht über seine Gefühle sprechen, weder mit Worten noch durch Gesten. Mißtrauen, mangelndes Selbstbewußtsein sowie die Angst, sein eigenes Leben nicht kontrollieren zu können, führen zu zwanghaften oralen Bedürfnissen. Er „schluckt" alles hinunter (Alkoholiker, krankhaftes Eßverhalten). Ihm fehlt die Fähigkeit sich zu wehren, er hat kein Durchsetzungsvermögen.
Die aktive Störung des Halschakras äußert sich dadurch, daß der Mensch versucht, durch Schreien und Brüllen, seinen Willen verbal durchzusetzen. Er ist undiplomatisch und unehrlich – der Lügner.

Aktives *Hals*chakra

Es befähigt den Menschen zuzuhören. Er ist diskussionsfreudig und in der Lage, über seine Gefühle zu sprechen. Menschen mit einem ausgeglichenen Halschakra sind sehr kreativ und offen für Inspirationen.

Ajna-cakra = Stirnchakra

Das Stirnchakra befindet sich zwischen den Augenbrauen in der Mitte der Stirn und wird auch als das „dritte Auge" bezeichnet.
Das *Meditationsbild* ist die *sechsundneunzigblättrige Lotusblüte.*
Die *Farbe* des Stirnchakras ist *Indigoblau-Violett.*
Hier ist der *Sitz der Inspiration.*

- Es ist das Chakra für die Augen, die Nebenhöhlen, die Stirnhöhlen und die Gehirnnerven.

Stör*ungen* des *Stirnch*akras

Diese lassen sich an folgendem Verhalten erkennen: Intuitives und rationales Denken sind diesem Menschen fremd. Er ist nicht in der Lage, sein Leben zu organisieren und neigt zu Konzentrationsstörungen. Er ist für Führungspositionen ungeeignet. Im fehlt jede Sensibilität und Inspiration. Sein negatives Verhalten äußert sich durch egostisches, abergläubisches und dogmatisches Denken. Selbst banale Dinge werden intellektualisiert. Diese Menschen neigen zu Geisteskrankheiten und sind drogengefährdet.

Aus*geglichene*s Stirn*chakra*

Es befähigt uns, Schwingungen und unausgesprochene Dinge wahrzunehmen. Wir lassen uns von unserer Inspiration leiten. Hier entwickeln sich der sogenannte 6. Sinn, gute Unterscheidungsfähigkeit und Sensibilität. Hier ist auch das Zentrum für logisches Denken und Konzentration. Das höchste erreichbare Ziel ist die Weisheit.
Dieses Chakra befähigt den Menschen zur Selbsterkenntnis. Er kann hellsichtig sein und Visionen empfangen und verstehen. Ebenso ist er in der Lage, telepathische Botschaften zu senden und zu empfangen. Dies ist der Sitz der inspirativen Kraft und der Energie der Meditation und des Wahrsagens.

7. Chakra

Sahasrara-cakra = Kronen- oder Scheitelchakra, das Mandala

Das Kronenchakra befindet sich im Bereich des Scheitelpunktes
auf der höchsten Stelle des Kopfes und öffnet sich nach oben.
Das *Meditationsbild* ist die *tausendblättrige Lotusblüte.*
Die *Farbe* des Kronenchakras ist *Weiß-Violett.*
Hier ist der *Sitz der Erleuchtung.*

- Großhirn und Schädeldecke werden dem Kronenchakra zugeordnet. Es gibt keine körperliche Enstprechung. Das Kronenchakra steht über allen Sinnen und Elementen.

*Störung*en des *Kronen*chakras

Diese lassen sich an folgendem Verhalten erkennen: Die Person neigt zu emotionalen Störungen, die sich in Selbstmitleid und Märtyrertum äußern können. Sie dramatisiert und versucht mit allen Mitteln, die Aufmerksamkeit auf sich zu lenken.

Nur wenigen Menschen ist es möglich, die höchste Erkenntnis und das universelle Bewußtsein zu erlangen. Menschen, die sich auf dem Wege dahin befinden, begegnen ihren Mitmenschen mit Toleranz. Sie akzeptieren andere, ohne sie verändern oder sich einmischen zu wollen und zeigen großes Verständnis. Den meisten Menschen wird diese Seinsebene jedoch verborgen bleiben.

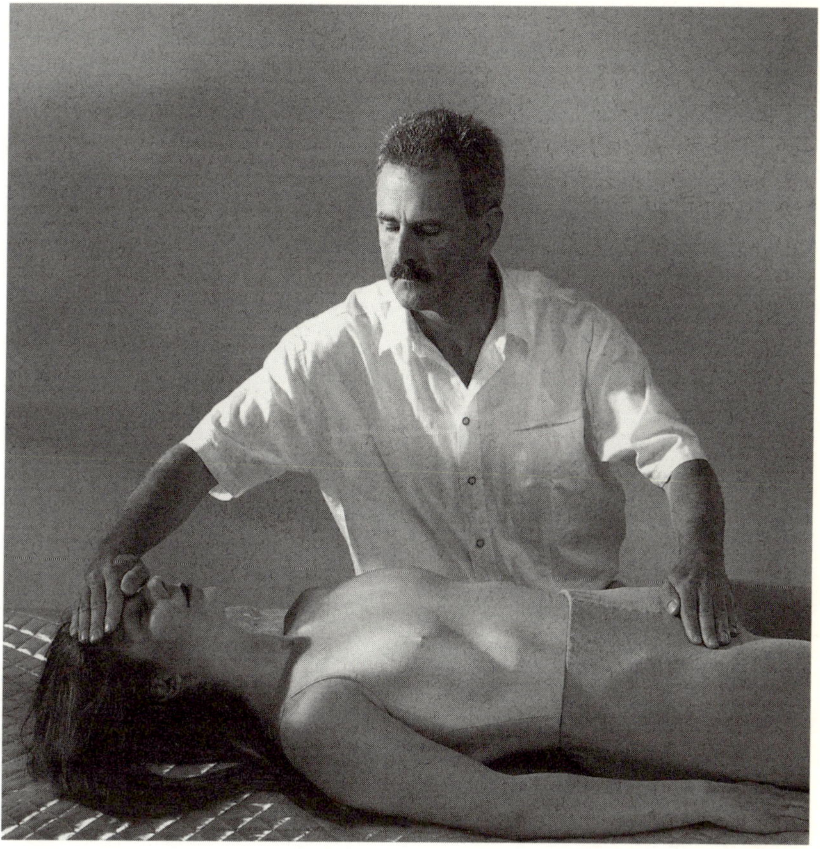

Ausgleich Wurzelchakra mit dem Stirnchakra

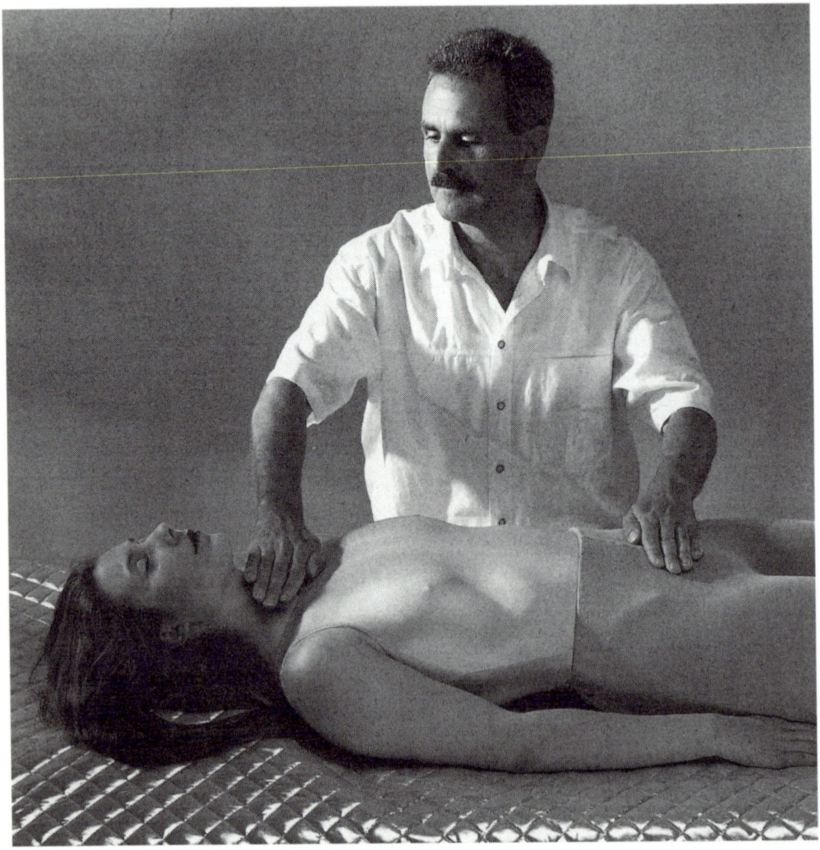

Ausgleich Sakralchakra mit dem Halschakra

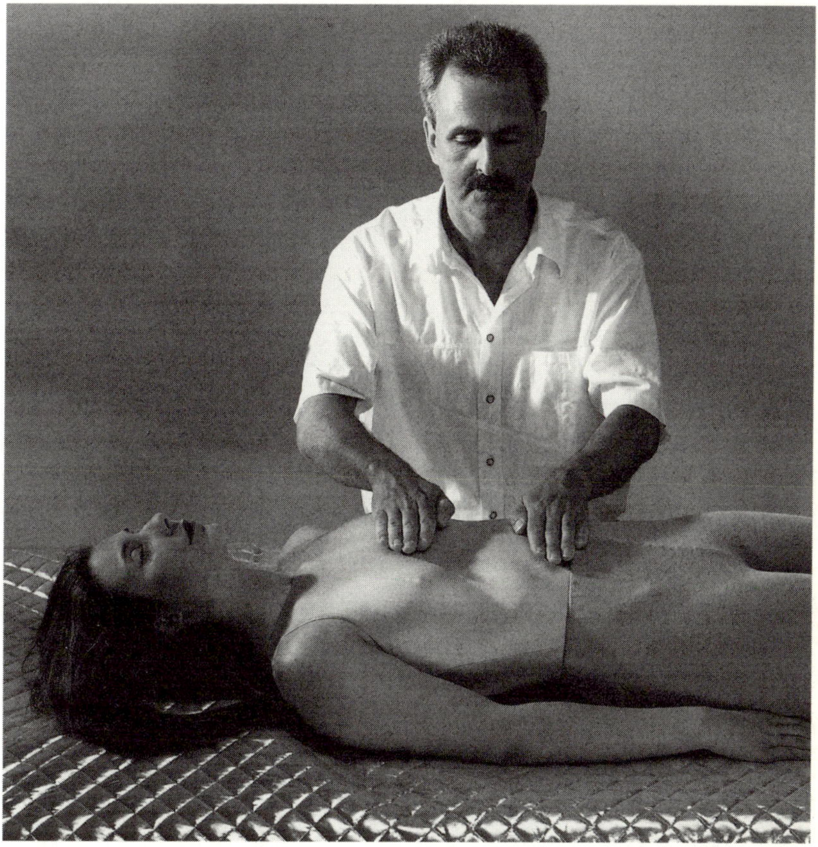

Ausgleich Solarplexuschakra mit dem Herzchakra

Erfahrungen mit Reiki

霊気

*Direkt*behandlung

Mit Reiki haben wir unendlich viele Möglichkeiten der Behandlung. Die Einweihung in den 1. Reiki-Grad befähigt uns, anderen Menschen Reiki direkt zu geben. Dazu ist die körperliche Anwesenheit des Empfangenden nötig. Der 1. Reiki-Grad ist auch die Voraussetzung bei uns selbst Reiki anzuwenden.

Chakren sind der direkte Zugang zu unseren Energiezentren. Eine Chakrenbehandlung bietet sich immer dann an, wenn kein konkretes Krankheitsbild vorliegt und man nur mit Energie „aufladen" möchte. Sie sind aber auch das Zentrum und die „Verteilerstelle" für Krankheiten, die in der Aufzählung körperlicher und psychischer Krankheiten beschrieben sind. Bei den einzelnen Krankheitsbildern werden außerdem die schmerzenden oder verletzten Körperteile, beziehungsweise Organe, direkt behandelt.

Mit dem 2. Grad erwerben wir die Fähigkeit, Reiki mental zu geben, wobei Zeit und Raum keine Rolle mehr spielen. Mit dem Empfangenden kann ein Termin vereinbart werden, zu dem Reiki „gesendet" wird. Die Erfahrung hat gezeigt, daß der Empfangende deutlich spürt, wie lange und wie stark die Energie fließt. Reiki sollte nur gegeben werden, wenn es gewünscht wird. Wenn wir jedoch der Überzeugung sind, daß eine Person Hilfe braucht, ist es auch erlaubt, ohne Einverständnis mental mit Reiki zu helfen. Unbewußt entscheidet sich diese Person dafür, ob sie diese Energie annehmen will oder nicht.

Die Reiki-Energie ist nicht auf Menschen beschränkt. Sie kann an Tiere und Pflanzen weitergegeben werden. Mental sind wir in der Lage die Atmosphäre in Räumen mit positiver Energie aufzuladen. Dafür bieten sich Streßsituationen an, beispielsweise bei Prüfungen, Gerichtsterminen, Geschäftsabschlüssen oder Operationen.

Reiki-Behandlungen können mit starken emotionalen Reaktionen verbunden sein. Auch wenn die behandelte Person zu weinen oder zu lachen anfängt, sollte man die Behandlung nicht abbrechen. Damit ich ihnen nicht nur theoretisches Wissen vermittle, beschreibe ich ihnen nachfolgend einige Erfahrungen von mir und meinen Schülern.

Meine erste Selbstbehandlung

Meine Einweihung in den 1. Reiki-Grad machte es mir möglich, mir selbst Reiki geben zu können. Durch meine berufliche Situation stand ich unter Streß und litt zum wiederholten Male an Herzrasen und innerer Unruhe. Das war für mich der Auslöser zu einer Selbstbehandlung. Ich dunkelte den Raum ab, als Duftöl benutzte ich Lavendel und spielte leise Meditationsmusik. Nach einigen Sekunden spürte ich ein leises Kribbeln in meinen Händen. Die Stelle, auf die ich die Hände gelegt hatte, wurde warm. Ein angenehmes Gefühl durchströmte mich. Ich schloß die Augen und ließ Reiki wirken. Ich hatte kein Zeitgefühl mehr. In meinen Händen spürte ich das starke Pochen meines Herzens. Mit der Zeit wurde es immer ruhiger bis es seinen normalen Rhythmus wiedergefunden hatte. Die Nervosität fiel von mir ab. Ich spürte Ausgeglichenheit und innere Ruhe. Heute ist es für mich selbstverständlich, mir regelmäßig Reiki zu geben.

Pubertätsbeschwerden und Migräne

Als meine Tochter in die Pubertät kam, litt sie, wie viele andere Mädchen auch, an starken Unterleibsbeschwerden und bekam häufig Migräneanfälle. Ich bot ihr daraufhin an, sie mit Reiki zu behandeln. Sie war sehr skeptisch, da dies für sie etwas Neues war, und der normale Mutter-Tochter-Konflikt zwischen uns stand. Permanent beschwerte sie sich, daß ich zu wenig Zeit für sie hätte und ihre Brüder bevorzugen würde.
Die Motivation für sie, Reiki von mir anzunehmen, war in erster Linie das Bedürfnis, „meine Mutter wendet sich ausschließlich mir zu“. Bei der ersten Behandlung beschränkte ich mich auf das Sakralchakra. Sie empfand es als äußert angenehm und entspannend und die Wärme als wohltuend. Das Gefühl der Wärme hielt die ganze Nacht vor. Am nächsten Tag bat sie bereits um eine weitere Behandlung. Ich behandelte von da ab regelmäßig ihren Unterleib und die Migräne mit den entsprechenden Kopfpositionen. Nach regelmäßiger längerer Behandlung waren die Schmerzen während der

Periode auf ein normales Maß zurückgegangen, und die Migräneschmerzen traten nicht mehr auf.
Durch diese vertiefte Beziehung und die Hilfe, die ich ihr geben konnte, entwickelte sich ein neues Mutter-Tochter-Verhältnis. Die Vertrauensbasis war wiederhergestellt. Sie interessierte sich zunehmend für Reiki. Als sie 18 Jahre alt war, bat sie um die Einweihung in den 1. Reiki-Grad. Inzwischen wendet sie Reiki regelmäßig und erfolgreich an.

Ischiasbehandlung

Meine Freundin, Ursula Vogt, mit der ich dieses Buch schreibe, wurde durch meinen Mann zur Reiki-Meisterin geweiht. Zu ihr kam eine Frau mit Ischiasbeschwerden, die bereits seit mehreren Wochen in ärztlicher Behandlung und krankgeschrieben war. Der Arzt hatte sie wieder gesundgeschrieben, mit dem Hinweis, daß sie mit den verbleibenden Schmerzen leben müßte. Trotz Spritzen und Infusionen spürte sie immer noch sehr schmerzhaft ihren rechten Ischiasnerv. Frau Vogt behandelte mit der Sonderposition Ischias auf der rechten Körperseite. Während der Behandlung hatte sie die Idee, auch das linke Bein zu behandeln. Zu ihrer Verblüffung spürte sie, daß das linke Bein wesentlich stärker reagierte als das kranke rechte.
Die Frau war nach der Behandlung total entspannt. Sie erzählte ausführlich, wie sie den Energiestrom wahrgenommen hatte. Im rechten Bein spürte sie, wie die Energie in sanften Impulsen durch das Bein strömte. Das linke Bein wurde regelrecht aufgeheizt. Die Behandlung wurde täglich fortgesetzt. Beim 2. Besuch erzählte die Frau, daß die Wärme während der ganzen Nacht vorgehalten hatte. Bei den weiteren Behandlungen blieb das Ergebnis immer gleich: das linke Bein benötigte wesentlich mehr Energie als das rechte. Auf Grund dieses Ergebnisses vermutete Frau Vogt einen Schaden an der linken Hüfte, der zu einer Fehlhaltung und Fehlbelastung des rechten Beines führte. Das war zwar der Auslöser für den Ischiasanfall am rechten Bein, jedoch nicht die Ursache. Auf Empfehlung von Frau Vogt suchte die Patientin einen Chiropraktiker auf, der nach einer gründlichen Unter-

suchung und mit dem Hinweis, daß die linke Hüfte gestört sein müßte, diagnostizierte, daß das linke Bein um zwei cm kürzer war als das rechte. Um das rechte Bein zu entlasten, bekam die Frau Einlagen, um den Höhenunterschied auszugleichen und die Wirbelsäule zu entlasten. Heute hat die Frau keine Ischiasbeschwerden mehr.

Sturz mit Knieverletzung

Eine gute Bekannte besuchte mich. Wir hatten uns lange nicht gesehen und sprachen unter anderem über die Arbeit an diesem Buch und meine Tätigkeit als Reiki-Meisterin. In diesem Zusammenhang eröffnete sie mir, daß sie großen Zugang zu Reiki hat und selbst eine für sie erstaunliche Erfahrung mit Reiki hatte. Sie erzählte mir folgende Geschichte: Als Schauspielerin hatte sie zu diesem Zeitpunkt ein Engagement an einer Bühne in Norddeutschland. Beim Abgang nach der ersten Szene stürzte sie eine Treppe hinunter und schlug auf ihr rechtes Knie auf. Ein stechender Schmerz durchbohrte ihr Knie und Tränen schossen ihr in die Augen. Als sie versuchte aufzustehen, knickte das Bein unter ihr weg. Man brachte ihr einen Stuhl, auf den sie sich mit fremder Hilfe setzen konnte. Sie geriet in Panik, und es herrschte große Aufregung, denn sie hatte in einigen Minuten den nächsten Auftritt. In dieser Situation kam ein Mann, der hinter der Bühne arbeitete, auf sie zu. Sie wiederholte immer wieder, daß sie auf die Bühne müsse und nicht mehr auftreten könnte, da die Schmerzen zu groß seien. Er sprach beruhigend auf sie ein: sie solle ganz ruhig bleiben und er würde jetzt „etwas machen“. Durch die ruhige Ausstrahlung dieses Mannes fiel die Panik von ihr ab. Er legte seine Hände etwa fünf Minuten auf ihr Knie. Das Stechen im Knie ließ nach, jedoch hatte sie große Angst aufzustehen. Der Mann überredete sie, auf die Bühne zu gehen. Voller Angst erhob sie sich vom Stuhl, und zu ihrer Überraschung verspürte sie keine Schmerzen mehr. Zur Erleichterung aller betrat sie die Bühne und spielte ihre Rolle zu Ende. Später erfuhr sie, daß dieser Mann ihr Reiki gegeben hatte.

Die Last, die wir auf unserem Rücken tragen

Eine meiner Reiki-Schülerinnnen kam zu uns, um ihr Herz auszuschütten. Sie hatte bei uns die Einweihung zum 1. Grad erhalten und kannte die Wirkung von Reiki. Ihre persönliche Situation war katastrophal. Sie stand in Scheidung und befürchtete, daß ihr Mann ihr die Kinder wegnehmen könnte. Der Mann hatte sich an seiner Tochter sexuell vergangen. Das Jugendamt glaubte den Aussagen von Mutter und Tochter nicht, obwohl ein psychologisches Gutachten vorlag. Am nächsten Tag sollte der Gerichtstermin sein. Sie war außer sich vor Angst und hatte starke Rückenschmerzen, besonders in der Schulter. Sie war zu uns in der Hoffnung gekommen, daß mein Mann ihr mit einer Reiki-Behandlung helfen könnte.
Mein Mann behandelte das Solarplexuschakra, um ihr die Angst zu nehmen. Danach gab er Reiki in alle Rückenpositionen und endete an der Schulter. Als Reiki in die Schulter einfloß, schrie diese Frau plötzlich auf. Sie schluchzte und weinte herzzerreißend und rief immer wieder: „Nein, nein!!!!!“ Mein Mann unterbrach die Behandlung nicht! Nach circa zehn Minuten beruhigte sie sich und ihr Schreien ging in Weinen über, bis es ganz verstummte. Kurz darauf beendete mein Mann die Behandlung.
Wir ließen der Patientin Zeit, sich zu beruhigen. Nach einigen Minuten setzte sie sich auf und weinte wieder. Dabei begann sie zu erzählen: Während der Behandlung des Solarplexuschakras spürte sie eine innere Ruhe und die Verkrampfung des Magens löste sich. Zu Beginn der Rückenbehandlung empfand sie eine wohltuende Entspannung. Als jedoch mein Mann seine Hände auf ihre Schultern legte, hatte sie das Gefühl, als ob die Hände in sie eintauchten. Sie wollte dieses Gefühl bereits als positives Gefühl annehmen, als sie eine Stimme hörte: „Das nützt dir alles nichts, dein Buckel ist groß genug, da paßt noch mehr drauf“. Daraufhin schrie sie „nein, nein“ und wehrte sich gegen dieses Gefühl. Während der Weiterbehandlung hörten diese Gedanken jedoch auf. Eine große Trauer überkam sie. Als mein Mann zum Schluß der Behandlung die Hände von ihren Schultern nahm, hatte sie das Gefühl, als hätte er eine zentnerschwere Last fortgenommen.

Mein Mann empfand dasselbe. Als er die Behandlung beendete, fühlte er sich, als ob er eine Zentnerlast von den Schultern der Frau genommen hätte. Nach dem Gespräch war die Frau sehr erleichtert. Sie spürte keine Verspannungen mehr und wirkte, als sei sie von einer großen Bürde befreit worden. Zuversichtlich ging sie nach Hause. Der Gerichtstermin am nächsten Tag verlief zu ihren Gunsten. Sie strahlte Ruhe und Gelassenheit aus und überzeugte sowohl das Jugendamt als auch den Richter. Inzwischen ist die Ehe geschieden, die Kinder wurden der Mutter zugesprochen.
Sie hat jetzt die Einweihung zum 2. Reiki-Grad erhalten und bereitet sich auf den Meister vor.

Erfahrungen einer Krankenschwester

Eine meiner engagiertesten Schülerinnen arbeitet als Krankenschwester im Krankenhaus. Bereits bei der Vorbereitung für den 1. Grad fiel sie mir durch ihre positive Ausstrahlung auf. Bei der Einweihung in den 1. Reiki-Grad erfüllte sie der Gedanken an Liebe und diese Liebe weitergeben zu dürfen. Die Kraft, die sie leitet, ist die Liebe. Nach der Einweihung stellte sie fest, daß sie bereits vorher, unbewußt, mit Reiki gearbeitet hatte. Sie hatte einen starken positiven Einfluß auf die Patienten, die von ihren „heilenden Händen" sprachen. Sie spürte selbst, daß eine positive Kraft von ihr ausging, konnte sie aber nicht steuern.

Zu der Zeit, als sie in den 2. Grad eingeweiht wurde, betreute sie unter anderem einen schwerstkranken Patienten im Krankenhaus. Dieser Mann hatte eine beidseitige Oberschenkelamputation hinter sich und eine starke Infektion in einem Oberschenkel. Da er seit fünf Wochen bettlägerig war, hatte er zusätzlich eine Lungenentzündung bekommen. Er war in keiner Weise kooperativ, ließ niemanden an sich herankommen. Auch körperlich war er nicht zur Zusammenarbeit bereit und ließ sich in seinem Bett nicht wenden. Die Antibiotika wirkten nicht mehr, und er hatte hohes Fieber (40 bis 41 Grad). Durch die Lungenentzündung war er so geschwächt, daß das Personal damit rechnete, daß er jederzeit sterben könnte.

An dem Abend, als meine Schülerin den 2. Grad erhalten hatte, sandte sie von zu Hause eine mentale Behandlung auf das Herzchakra und auf die Lunge dieses Patienten. Am nächsten Tag, als sie den Dienst antrat, kam ihr der Patient im Rollstuhl entgegengefahren. Zu diesem Zeitpunkt hatte er seit fünf Wochen nicht mehr im Rohlstuhl gesessen. Seine Lungenbeschwerden hatten sich gebessert und von diesem Tage an ging es schlagartig bergauf. Nach relativ kurzer Zeit konnte er, zur Verwunderung aller Ärzte, entlassen werden.

Die Krankenschwester versorgt heute mit großer Begeisterung ihren ganzen Bekanntenkreis mental mit Reiki, lindert Kopfschmerzen und läßt Zahnschmerzen verschwinden. Haarausfall behandelte sie erfolgreich einen Monat lang über das Wurzelchakra.

Epilepsie

Die gleiche Schülerin behandelt zur Zeit den folgenden Fall: Eine Frau leidet seit ihrem 8. Lebensjahr an epileptischen Anfällen. Mittlerweile ist sie Anfang 30. Die Anfälle haben sich auf einen Anfall im Monat, während der Menstruation, reduziert. Die Ärzte kennen den Grund nicht. Die Frau hat ihre Krankheit immer abgelehnt und war nicht in der Lage, zu den vorgegebenen Zeiten ihre Medikamente zu nehmen. Sie schlief nicht ausreichend und war bei der ärztlichen Behandlung in keiner Weise kooperativ.

Meine Schülerin begann mit täglichen mentalen Behandlungen. Nach fünf Behandlungen war der seelische Zustand der Epileptikerin so verändert, daß sie alle vier Stunden automatisch an ihre Tabletten dachte. Leider reichte diese Behandlung nicht aus, um den nächsten Anfall zu verhindern. Daraufhin erhielt sie eine ausgedehnte Herzchakrabehandlung und vier Wochen lang jeden Abend Chakrenausgleich.

In der Zeit, als diese Frau ihre nächste Periode erwartete, kam sie zu meiner Schülerin nach Hause. Auch hier behandelte sie sie mit einem Chakrenausgleich. Die mentale Behandlung setzte sie sieben Wochen lang jeden Abend fort. Bis jetzt trat kein epileptischer Anfall mehr auf. Seit der Reiki-Behandlung sind jedoch die Haare der Patientin elektrisch aufgeladen.

Thrombosebehandlung und offenes Bein

Eine ältere Dame von 67 Jahren litt an einer Thrombose und einem offenen Bein. Monatelang war sie, ohne sichtbaren Erfolg, in ärztlicher Behandlung. Sie konnte nicht mehr laufen. Durch Zufall lernte sie eine meiner Schülerinnen kennen. Diese Schülerin behandelte eine Woche lang mental jeden Abend. Danach waren die Schmerzen verschwunden und die offene Wunde hatte sich geschlossen.

Nasennebenhöhlen-entzündung

Eine Nachbarin kam zu mir und klagte über ihren schlechten körperlichen Zustand. Sie hatte eine Nasennebenhöhlenentzündung und sagte, daß kein Medikament ansprechen würde. Sie fühlte sich sehr schlecht und war körperlich ausgelaugt. Da ich gerade keine Zeit hatte, bot ich ihr an, am Abend eine Mentalbehandlung mit Reiki zu senden. Sie war sehr skeptisch, es ging ihr aber zu schlecht, um dieses Angebot ablehnen zu können. Wir verabredeten einen bestimmten Zeitpunkt, zu dem sie sich ruhig und entspannt hinlegen, und auf die Wirkung warten sollte.

Zu dem verabredeten Zeitpunkt sandte ich mentale Reiki-Energie und behandelte den Kopf und besonders die Nasennebenhöhlen. Am nächsten Tag rief mich die Nachbarin an und berichtete mir, daß sie meine Behandlung gespürt hätte. Es habe regelrecht geknistert und gepocht in den Nebenhöhlen, als der Eiter sich löste. Der Druck war verschwunden, und der Eiter lief aus. Die Behandlung wurde von mir an den drei darauffolgenden Abenden weitergeführt. Danach war meine Nachbarin beschwerdefrei.

Die Beziehung Mutter und Kind beginnt lange vor der Zeugung, nämlich mit dem Wunsch nach einem Kind. Immer mehr Paare leiden unter der Unfruchtbarkeit von Mann oder Frau. Es kann sehr viele unterschiedliche Ursachen haben. Soweit die Kinderlosigkeit nicht durch organische Fehlbildungen verursacht ist, bietet Reiki eine große Hilfe.

Mit Reiki-Energie kann der Hormonhaushalt ausgeglichen werden. Bei der Frau ist es möglich, die Eiproduktion zu steigern und den Eisprung in einen normalen Zyklus zu bringen. Eine Spermaschwäche des Mannes läßt sich durch entsprechende Reiki-Behandlung beheben. Liegen die Gründe für eine Unfruchtbarkeit in einer Potzenzschwäche des Mannes oder in der Frigidität der Frau, haben wir mit Reiki, wie ausführlich im Anschluß beschrieben, die Möglichkeit zu helfen.

Eine junge Frau, Mitte Dreißig, kam in meine Praxis. Seit sieben Jahren war sie glücklich verheiratet, und beide Partner hatten den großen Wunsch nach einem Kind. Sie wirkte nervös und fahrig und klagte über Unzufriedenheit. Vor drei Jahren hatte sie die Pille abgesetzt, aber trotz großer Bemühungen, die schon langsam in Streß ausarteten, wurde sie nicht schwanger. Sie hatte Angst, bald für eine Schwangerschaft zu alt zu sein, lehnte aber eine künstliche Befruchtung ab. Beide Ehepartner hatten umfangreiche ärztliche Untersuchungen hinter sich, und beide Ehepartner waren aus medizinischer Sicht gesund. Es gab keine Erklärung für die Unfruchtbarkeit.

Ich erzählte meiner Patientin von den Möglichkeiten, die Reiki-Energie bietet. Sie war sofort zu einer Behandlung bereit und auch die Aussicht, daß diese Behandlung über einen längeren Zeitraum fortgesetzt werden müßte, störte sie nicht.

Meine erste Behandlung begann ich mit einem Chakrenausgleich. Danach behandelte ich gezielt den Unterleib der jungen Frau. Zum Ausgleich des Hormonhaushaltes gab ich außerdem Reiki-Energie in das Halschakra. Die Patientin empfand die Behandlung als sehr beruhigend und wohltuend. Sie freute sich jedesmal auf den nächsten Termin, und ihre nervösen Störungen bauten sich innerhalb kurzer Zeit ab. Bei einer der nächsten Sitzungen erzählte sie, daß sich das Sexualleben mit ihrem Mann harmonisiert hatte und der Leistungsdruck abgefallen sei. Unabhängig von der Direktbehandlung, gab ich an zwei Tagen in der Woche mental Reiki. Nach fünf Monaten war die junge Frau schwanger. Sie war so glücklich und fragte nach Möglichkeiten, während der Schwangerschaft weiter Reiki zu erhalten. Ich klärte sie darüber auf, daß sie selbst die Möglichkeit hat, sich und ihrem ungeborenen Kind Reiki zu geben. Das war für sie der Anlaß, sich in den 1. Reiki-Grad einweihen zu lassen.

Die positiven Auswirkungen von Reiki während der Schwangerschaft wirken sich auch auf die werdende Mutter aus. Sie wird weniger unter allgemeinen Schwangerschaftsbeschwerden leiden. Die morgendliche Übelkeit kann sogar ganz verschwinden, Spannungen in den Brüsten treten in geschwächter Form auf, die Nierenfunktion wird gefördert und eine übermäßige Gewichtszunahme kann verhindert werden.

Das ungeborene Kind spürt die Reiki-Energie genauso wie die Mutter. Es erlebt eine ausgeglichene, harmonische Entwicklungsphase. Die Versorgung des Kindes über die Plazenta ist optimiert und bereits in diesem Stadium entwickelt sich eine sehr intensive Mutter-Kind-Beziehung.

Meine Patientin erlebte eine glückliche und beschwerdefreie Schwangerschaft. Die Geburt war problemlos und schnell. Sie bekam einen sieben Pfund schweren, kerngesunden Sohn.

Der Kontakt zu dieser jungen Frau ist nicht abgerissen. Es macht mich jedesmal glücklich, wenn ich die innige Beziehung der beiden sehe. Neben den normalen ärztlichen Kontrollen gibt sie ihrem Kind oft Reiki. Sie behandelt damit auch die üblichen Säuglingsbeschwerden wie Blähungen und Schluckauf. Zur Zeit bekommt der Kleine seine ersten Zähne. Auch gegen diese Beschwerden gibt die Mutter regelmäßig Reiki.

Ich bin davon überzeugt, daß diese intensive Beziehung, die in der Schwangerschaft bereits gewachsen ist, die beiden ein Leben lang begleiten wird.

Dieser Bericht soll allen jungen Paaren mit dem Wunsch nach einem Kind Mut machen, die Hoffnung nicht aufzugeben. Er soll außerdem jungen Eltern einen Weg zeigen, wie sie sich und ihren Kindern Hilfe auf dem Weg zum Erwachsenwerden sein können. Reiki kann bei Kinderkrankheiten, wie im Anschluß beschrieben, Hilfe sein. Es erleichtert und entschärft die Streßsituationen, die sich in der Erziehung ergeben.

Reiki entfaltet seine Wirkung nicht nur beim Menschen. Mit Reiki lassen sich auch Pflanzen und Tiere behandeln.

Ebenso wie wir Menschen, leiden auch Tiere unter Krankheiten, Streßsituationen oder psychischen Störungen. Tiere sind besonders empfänglich für die Reiki-Energie. Das erlebe ich immer wieder in meinem eigenen Haushalt. Zu meinem Haushalt gehört Mäxchen, ein kleiner, sehr lebhafter Hund, der gerne kläfft. Bei Chakrenreisen und Reiki-Behandlungen durfte er nicht dabei sein.

Eines Abends hatten mich wieder mehrere Patienten zu einer Chakrenreise aufgesucht. Ich hatte die entsprechenden Vorbereitungen getroffen und führte durch die einstündige Phantasiereise. Diese Reise endet mit der Aufforderung, sich wieder auf den Körper zu konzentrieren und die Augen zu öffnen. In diesem Moment hörte ich ein Geräusch, das mir nicht unbekannt war. Zu meiner Verblüffung hatte sich mein Mäxchen geschüttelt und kam ganz langsam und vorsichtig unter dem Tisch hervorgekrochen. Er setzte sich brav neben mich und betrachtete die noch liegenden Menschen. Erst nachdem alle wieder saßen, wurde auch er munter und lief zu ihnen.

Auch wenn mein Hund den Text, den ich vorlese, nicht versteht, spürt er die Energie im Raum und wird auf seine Weise davon beeinflußt. Seit diesem Erlebnis darf Mäxchen, mit Erlaubnis der Patienten, an den Chakrenreisen teilnehmen.

Eine meiner Schülerinnen, die die Einweihung in den 1. Reiki-Grad erhalten hatte, machte ihre erste Erfahrung mit der Reiki-Direktbehandlung mit einer Katze.

Sie kam ein paar Tage nach der Einweihung ganz aufgeregt zu mir und erzählte mir folgende Geschichte: Bisher hatte sie Hemmungen, Reiki anderen Menschen zu geben. An diesem Tag war sie bei einer Freundin zu Besuch. Die Katze der Freundin lag apathisch auf ihrem Platz. Die Freundin erzählte, daß ihre Katze seit Tagen wegen eines entzündeten Zahns nicht mehr fressen würde. Ständig floß Speichel aus ihrem Maul. Meine Schülerin nahm die Katze auf den Schoß, legte ihre Hand auf das Schnäuzchen und gab der Katze Reiki. Die Katze hielt ganz still und meine Schülerin spürte wie die Energie strömte. In ihrer Handfläche spürte sie das Pochen der entzündeten Stelle. Nach einigen Minuten zuckte die Katze mit ihrem Ohr. Das war für meine Schülerin das Zeichen, die Behandlung zu beenden. Am nächsten Tag rief meine Schülerin mich ganz euphorisch an. Die Katze war wieder gesund. Die Schwellung am Kiefer war zurückgegangen, und sie hatte das erstemal seit Tagen wieder gefressen. Ein Besuch beim Tierarzt war nicht mehr nötig.

Reiki *und* Pflanzen

Obwohl ich von der Reiki-Kraft von Anfang an überzeugt war, und über alle Möglichkeiten des Einsatzes Bescheid wußte, hatte ich zu Beginn doch Zweifel an den Dingen, die ich hörte oder las.
Es fiel mir schwer zu glauben, daß ich Reiki auch an Pflanzen weitergeben könnte. Zu diesem Zeitpunkt hatte ich meinen Garten etwas vernachlässigt, und mein Kräutergarten bedurfte dringender Pflege.
Das war für mich eine gute Gelegenheit, die Wirkung von Reiki auf Pflanzen zu testen. Ich teilte mein Beet in zwei Abschnitte und ließ den Pflanzen in dem einen Beet regelmäßig Reiki zukommen. Natürlich pflegte ich beide Beete gleich.
Bereits nach einer Woche konnte ich einen sichtbaren Unterschied zwischen den beiden Beeten erkennen. Die mit Reiki behandelten Kräuter waren wesentlich stärker, sie waren in ihrer Entwicklung weiter und in der Farbe intensiver. Sie unterschieden sich sogar geschmacklich. Die behandelten Kräuter schmeckten wesentlich aromatischer.
Seit dieser Zeit ist es für mich selbstverständlich, allen meinen Pflanzen, ob im Garten oder Topfpflanzen Reiki zu geben. Die Zimmerpflanzen, die in meinem Behandlungsraum stehen, gedeihen besonders üppig.

Reiki und Bachblüten

In meiner esoterischen Praxis arbeite ich nicht nur mit Reiki. Einer meiner weiteren Schwerpunkte ist die Lebensberatung und meine Tätigkeit als Bachblütentherapeutin. Die Bachblütentherapie ist in den letzten Jahren zu einer weitgehend ärztlich anerkannten Therapieform geworden. Positive Erfahrungen damit habe ich bereits seit Jahren gesammelt. Über das Kartenlegen habe ich sehr tiefe Einblicke in die Psyche des Menschen. Innerhalb kürzester Zeit erkenne ich die verdrängten Probleme und bin daher in der Lage, eine sorgfältige und gezielte Diagnose zu stellen. Meine Patienten sind immer wieder überrascht, in welch kurzer Zeit ich sie analysiere und „durchschaue".
In all den Jahren, seit ich Bachblüten verabreiche, habe ich noch keine negativen Rückmeldungen bekommen. Meine positive Arbeit hat sich auch

bei Ärzten und Heilpraktikern herumgesprochen, die mich inzwischen diesbezüglich auch an ihre Patienten weiterempfehlen.
Seit ich intensiv mit Reiki arbeite, kombiniere ich Bachblüten- und Reiki-Therapie. Genauso wie Menschen, Tiere und Pflanzen in der Lage sind, Reiki aufzunehmen, können auch die Bachblüten die positiven Schwingungen von Reiki aufnehmen. Dadurch intensiviert sich die Wirkung der Bachblüten. Bachblüten und Reiki ergänzen sich und harmonieren miteinander.

Eine Tiefenmeditation durch die Chakren

Menschen, die mich aufsuchen, weil sie Hilfe benötigen, biete ich eine Chakrenreise an. Um für jeden Patienten genügend Zeit zu haben und mich ihm entsprechend seiner Probleme widmen zu können, nehme ich maximal drei Personen, in ganz seltenen Situationen vier Personen, für eine Chakrenreise an. Mit besonders problematischen Fällen mache ich eine Einzelreise und Einzelbehandlung, die einen ganzen Abend beanspruchen kann.

Im Laufe meiner Behandlungen mit Reiki habe ich die Erfahrung gemacht, daß eine geführte Tiefenmeditation durch die Chakren ganz außergewöhnliche Erlebnisse und Reaktionen bei den Menschen hervorrufen kann.

Es ist eine Reise zur unbekannten Seite des eigenen Ichs. Verdrängte Gefühle und Empfindungen können wieder bewußt werden. Gestaute Energien werden frei, und der Mensch ist in der Lage, wieder loszulassen. Die körperlichen Empfindungen sind unterschiedlichster Art. Einige Patienten sprechen von einer Schwerelosigkeit, die sie noch nie erlebt haben. Andere wiederum haben das Empfinden, an der Erde festzukleben. Beides wird jedoch nicht als unangenehm empfunden. Diese Meditation wird von mir so intensiv gestaltet, daß sich die meisten Patienten nur langsam lösen und es bedauern, wenn die Reise zu Ende ist. Sie kehren nur ungerne in die Realität zurück.

Durch diese Meditation werden Blockaden gelöst, indem die einzelnen Chakren angesprochen werden. Das kann zu Heilprozessen führen. Es können sehr emotionale Reaktionen auftreten, zum Beispiel ein befreiendes Weinen. Nach dieser Reise fühlen sich alle Patienten ruhig und entspannt. Sie haben nun das Bedürfnis, über ihre persönlichen Erfahrung zu sprechen.

Nach dieser Chakrenreise biete ich eine Chakrenbehandlung an, um gezielt Blockaden zu lösen.

Lernen „nein“ zu sagen

Während der Arbeit an diesem Buch hatte ich eine besonders interessante Erfahrung. Durch Zufall hatte sich ergeben, daß drei Reiki-Meister an diesem Abend zusammen waren, mein Mann, eine Freundin und ich. Drei Frauen aus Dortmund hatten sich zu einer Fahrgemeinschaft zusammengeschlossen, um an einer Chakrenreise mit anschließender Chakrenbehandlung teilzunehmen. Sie hatten die unterschiedlichsten Motive für ihr Kommen.

Es war eine sehr lustige Gruppe, die die Ernsthaftigkeit dieses Abends noch nicht erkannt hatte. Sie erwarteten mehr oder weniger ein Gesellschaftsspiel. Als ich die Frauen aufforderte, sich hinzulegen, kamen die ersten Probleme. Eine Frau wollte unbedingt sitzen bleiben, da sie sich sowieso nicht „fallen lassen“ könnte und wollte so die Situation unter Kontrolle behalten. Sie erzählte, daß bisher keine Meditation bei ihr gewirkt hätte. Ich konnte sie jedoch beruhigen und überzeugen, sich hinzulegen.

Während der Chakrenreise war diese Frau die erste, die zeitweilig einschlief. Am Ende der Reise, als alle wieder in die Realität zurückkehrten, war jeder in seine Gedanken vertieft. Eine Teilnehmerin weinte leise vor sich hin. Alle Frauen hatten das Bedürfnis, über das auf der Reise Erlebte zu sprechen. Die Stimmung war vollkommen umgeschlagen, und verdrängte Gefühle kamen an die Oberfläche.

Die Teilnehmerin, die sich nicht „fallen lassen“ wollte, war tief in ihre Gedanken versunken. Sie konnte nicht begreifen, daß sie keine Angst gespürt hatte und nun ganz ruhig war. Deshalb wünschte sie sich die Behandlung des Chakras, das ihr weiterhin die Angst nimmt. Mein Mann behandelte das Solarplexuschakra und spürte, daß diese Frau in besonderem Maße die Energie aufnahm.

Eine dieser Frauen wirkte zu Beginn aufgesetzt lustig. Sie war quasi der „Pausenclown“. Sie redete ununterbrochen und wollte in alle Gespräche mit einbezogen werden.

Nach der Chakrenreise klagte sie über einen Druck im Hals und bat um ein Glas Wasser. Sie war sehr still und begann zu weinen. Sie erzählte uns, daß sie am Hals besonders empfindlich auf Berührung reagiere. Bei ihrer Geburt hatten die Wehen ausgesetzt, als ihr Kopf ausgetreten war, und die Hebamme mußte mit den Händen den Geburtskanal auseinanderhalten, damit sie nicht stranguliert wurde. Mein Mann behandelte unter anderem das Halschakra.

Bei dieser Behandlung zeigte sie starke Reaktionen, sie atmete schwer, wehrte sich aber nicht gegen die Berührung. Die Behandlung empfand sie als wohltuend, und sie war überrascht, daß sie trotz der Berührung keine Panik bekommen hatte. Jedoch spürte sie auch nach dieser Behandlung immer noch einen Druck im Hals und hatte Schluckbeschwerden.

Da mein Mann inzwischen eine andere Teilnehmerin behandelte, bot sich meine Freundin an, das Halschakra nochmals mit Reiki zu versorgen. Sie hielt die Hände über das Halschakra, ohne den Hals direkt zu berühren und spürte die Unruhe, die von der Frau ausging. Deshalb legte meine Freundin ihre Hände auf deren Kopf und Stirn. Mit erstaunlicher Kraft wurde die Reiki-Energie über das Mandala der Frau aufgenommen. Danach war sie völlig entspannt. Sie spürte während der Chakrenbehandlung eine starke Wärme in ihrem Hals, und der Druck war verschwunden.

Als sie die Hände auf den Kopf gelegt bekam, hatte sie das Empfinden durch einen langen, sehr engen Kanal zu gleiten. Sie wiederholte dies immer wieder voll Begeisterung und daß sie dabei keinerlei Angst verspürt hätte, es sei vielmehr sehr angenehm gewesen. Im weiteren Verlauf des Abends stellte sich heraus, daß diese Frau von anderen Menschen ständig ausgenutzt wurde und nicht nein sagen konnte. Sie ging immer den unteren Weg und wollte es allen recht machen. Sie hatte Angst, „Freundschaften“ zu verlieren und abgelehnt zu werden.

Nach einem langen Abend verabschiedete sich die Gruppe und machte sich auf den Heimweg. Wir saßen zu dritt zusammen und ließen den Abend Revue passieren. Der Raum war seit der Chakrenreise mit Energie geladen, die jeder von uns deutlich spürte. Nach einer Stunde, es war kurz vor Mitternacht, klingelte es. Eine völlig verstörte Frau, die hemmungslos weinte, stand vor mir. Sie schluchzte immer wieder: „Ich komme nicht nach Hause“. Erst da erkannte ich, daß es sich um die Patientin mit den Schwierigkeiten im Halschakra handelte. Erschüttert bat ich sie ins Haus und gab ihr

Rescuetropfen zur Beruhigung. Danach fragte ich sie, wo die beiden anderen Frauen seien, mit denen sie nach Dortmund zurückfahren wollte. Daraufhin erzählte sie uns ihre Geschichte.
Auf dem Weg nach Bonn hatte die Fahrerin bereits einen sehr rasanten Fahrstil. Zwar wurde unserer Patientin davon schlecht, sie hatte sich jedoch nicht getraut, etwas zu sagen. Auf der Rückreise hatte sich der Fahrstil der Fahrerin nicht geändert. Einmal bremste sie so abrupt, daß meine Patientin glaubte, durch die Scheibe geschleudert zu werden.
Dies war der Anlaß, den Fahrstil zum ersten Mal zu kritisieren. Kurz bevor sie auf die Autobahn auffuhren, kam es zu einem weiteren Zwischenfall, und meine Patientin wurde richtig böse. Es gab einen heftigen Wortwechsel, und sie verlangte, daß angehalten würde, damit sie aussteigen könne. Sie sei nicht mehr bereit, bei diesem Fahrstil weiter mitzufahren. Die Fahrerin hielt, und es kam zu einem weiteren Wortwechsel auf der Straße. Man versuchte, sie wieder zum Einsteigen zu bewegen. Meine Patientin war jedoch so wütend, daß sie sich nicht dazu bewegen ließ. Die beiden Frauen fuhren ohne sie davon.
Die Patientin lief nun den gesamten Weg, rund vier Kilometer, zu Fuß zu mir zurück. Ich fragte, ob sie keine Angst gehabt hätte, da es eine teilweise sehr einsame und dunkle Strecke sei. Sie antwortete: „Das hätte kein Mann überlebt“. Wir drei sahen uns nur fassungslos an und brachen in schallendes Gelächter aus. Dieses angepaßte Mäuschen, das nicht nein sagen konnte, hatte etwas bewegt, was sie in ihrem Leben noch nie geschafft hatte, sie hatte für sich Verantwortung übernommen und ihren Aggressionen freien Lauf gelassen. Es wurde eine lange Nacht mit vielen positiven Erkenntnissen für diese Frau. Am nächsten Morgen fuhr sie mit dem Zug nach Hause.

Berührungsängste und Gefühlsblockaden

Eines Abends kam ein junger Mann von Anfang Dreißig zu mir. Er hatte von meiner Reiki-Behandlung gehört und vertraute sich mir an. Seit seiner Kindheit hatte er alle Arten von Therapien und Analysen hinter sich. Zwar kannte er nun genau sein Fehlverhalten und die Anlässe, die dazu geführt hatten, jedoch war er nicht in der Lage, dies umzusetzten und daraus zu lernen.
In seiner Kindheit waren er und seine Mutter vom Vater geschlagen worden. Er hatte große Berührungsängste und geriet bei Körperkontakt in Panik. Außerdem war er unfähig, zu weinen und Trauer zu zeigen und darüber ausgesprochen unglücklich. Noch nie in seinem ganzen Leben hatte er eine Liebesbeziehung
Mit großer Skepsis, aber auch voller Hoffnung ließ er sich auf eine Chakrenreise ein. Bereits während der Chakrenreise sah ich, wie dem jungen Mann die Tränen über das Gesicht liefen. Nach Beendigung der Chakrenreise weinte er bitterlich und sage immer wieder: „Vater, warum hast du mir das angetan?“ Er spürte einen Druck im Magen und eine ohnmächtige Wut stieg in ihm auf. Ich nahm ihn in den Arm und sagte ihm, daß er sich seiner Gefühle nicht zu schämen brauche. Er sah mich erstaunt an und sagte, wie schön es doch sei, bei jemandem im Arm zu liegen. Die Panik vor Körperkontakt war in diesem Moment verschwunden. Nachdem er sich beruhigt hatte, erzählte er mir von seiner Kindheit und den schrecklichen Erlebnissen. Da er sich dem Vater nie entziehen konnte, hatte er seine Seele verschlossen. Es war für ihn die einzige Möglichkeit, sich abzuschirmen. Seine Seele umgab er mit einem Schutzpanzer und konnte so keine Gefühle mehr an sich heranlassen.
Vor der Chakrenbehandlung machte ich ihn auf mögliche Reaktionen aufmerksam. Es könnte sein, daß er nochmals sehr stark emotional reagiert, allerdings würde ich die Behandlung nicht unterbrechen. Ich ließ Reiki jeweils 10 Minuten in das Sakral-, das Solarplexus- und das Herzchakra fließen. Als ich meine Hände auf das Herzchakra legte, weinte er wieder hemmungslos. Nach der Behandlung schluchzte er: „Ich habe meinem Va-

ter verziehen, ich kann ihm tatsächlich verzeihen, und ich glaube, meinen Frieden gefunden zu haben." Wir sprachen noch sehr lange miteinander, und er brachte immer wieder zum Ausdruck, wie glücklich er sei, daß er weinen könne. Voller Hoffnung und Zuversicht fuhr er nach Hause.

Nach einigen Tagen rief mich der junge Mann an. Gemeinsam mit Bekannten hatte er zum erstenmal einen Kneipenbummel gemacht. Einer der Männer legte ihm kameradschaftlich den Arm um die Schulter. Außer sich vor Freude erzählte er mir, daß er das ohne Panik zulassen konnte.

Der junge Mann war inzwischen einige Male bei mir. Sein Verhalten normalisiert und stabilisiert sich zusehends. Inzwischen schließt er auch eine Liebesbeziehung nicht mehr aus und ist voller Zuversicht, daß er bald eine liebe Partnerin finden wird.

Heilen mit Reiki

霊気

Somatische Krankheiten

Bei der Anwendung von Reiki sollte man sich seiner Grenzen immer bewußt sein. Akute und schwere Krankheiten gehören immer in die Behandlung des Arztes. Reiki kann in vielen Fällen nur begleitend und unterstützend eingesetzt werden.

> Angeborene Krankheiten, wie zum Beispiel Herzfehler, Mißbildungen, Debilität, Chromosomenfehlbildungen, lassen sich durch Reiki nicht verändern oder heilen. Lediglich der psychische Zustand dieser Menschen kann stabilisiert werden.

Abszeß

Die Stelle darf auf keinen Fall mit den Händen berührt werden! Reiki-Behandlung über dem Abszeß. Außerdem zur Entgiftung und Blutreinigung Behandlung des Wurzel-Chakras mit: Rückenposition 1, Sonderposition 3.

Aggressionen

In der ersten Zeit tägliche Behandlung des Herz-Chakras: Grundposition 2, anschließend Ausgleich der Chakren.

Aids

Bei Aids handelt es sich um eine Immunschwäche, die den ganzen Körper befällt, also muß auch der ganze Körper behandelt werden. Zur Ganzkörperbehandlung sollten zusätzlich angewandt werden: Kopfposition 3, Grundposition 3, Rückenposition 3 und die Sonderposition 3.

Akne

Behandlung auf die betreffende Stelle, zusätzlich: Grundposition 1 und Grundposition 4 sowie Sonderposition 3.

Allergien

Zu behandeln mit: Kopfposition 2, Rückenposition 1 und Rückenposition 2, Sonderposition 4.

Amenorrhö *(Ausbleiben der Regelblutung)*

Kopfposition 2, Grundposition 4, Rückenposition 3 und Sonderposition 4.

Anämie *(Blutarmut)*
Rückenposition 1 und Sonderposition 3.

Angina *(Halsentzündung)*
Kopfposition 2, Kopfposition 4, Grundposition 1, Grundposition 4, Sonderposition 3.

Angina pectoris *(anfallsweise auftretende Herzbeschwerden)*
Hals-Chakra: Grundposition 1, Grundposition 2, Grundposition 3 sowie die Hände links unter der Brust und in gleicher Höhe auf dem Rücken liegend. Bei einem Anfall den Patienten sicher lagern und sofort einen Notarzt rufen!

Anuri *(Harnverhalten)*
Grundposition 4 und Rückenposition 2 sowie Sonderposition 6

Aphthen *(Stark entzündliche Ausbuchtungen in der Mundschleimhaut)*
Die Hände umschließen die Wangen und die Fingerspitzen liegen neben den Augen, zusätzlich noch Grundposition 1.

Appendizitis *(Blinddarmentzündung)*
Bei akuten Schmerzen, Übelkeit und Erbrechen auf jeden Fall sofort den Arzt aufsuchen! Bei Reizung: Grundposition 3, Grundposition 4, Sonderposition 7.

Arteriosklerose *(Verengung der Arterien)*
Kopfposition 1, Grundposition 2 und Rückenposition 1.

Arthritis *(Gelenkrheumatismus)*
Lokal auf die befallenen Gelenke: Rückenposition 1 und Rückenposition 2 sowie Sonderposition 6.

Arthrose *(Degenerative Veränderung der Gelenke)*
Lokal auf die von der Arthrose befallenen Gelenke Reiki geben: Rückenposition 1 und Rückenposition 5, außerdem Sonderposition 5 sowie Sonderposition 6.

Asthma
Kopfposition 5, Grundposition 2, und Rückenposition 3 sowie Sonderposition 1.

Atemnot
Kopfposition 5, Grundposition 1, Grundposition 3.

Augen
Kopfposition 1, Kopfposition 2, Kopfposition 3

Bandscheibenvorfall
Lokale Behandlung auf die betroffene Stelle: Rückenposition 1 und Rückenposition 5 sowie Sonderposition 6.

Basedowsche Krankheit *(Überfunktion der Schilddrüse)*
Kopfposition 2, Grundposition 1, Rückenposition 1 sowie Sonderposition 2 und Sonderposition 4.

Bauchfellentzündung
Grundposition 3, Sonderposition 3

Bechterewsche Krankheit *(Wirbelsäulenrheumatismus)*
Lokal auf die Wirbelsäule zwischen den Schulterblättern: Rückenposition 1, Rückenposition 3, Rückenposition 4, Rückenposition 5.

Bettnässen
→ Kinderkrankheiten

Blähbauch
→ Blähungen

Blähungen
Kopfposition 1, Kopfposition 5, Grundposition 3, Grundposition 4, Sonderposition 2.

Blasenentzündung
Grundposition 4 und Rückenposition 1 sowie Sonderposition 4.

Blinddarmreizung
→ Appendizitis

Blutungen
Blutungen müssen auf jeden Fall umgehend zum Stillstand gebracht werden! Reiki kann keine Erste Hilfe ersetzen. Danach die Reiki-Behandlung auf die betreffende Stelle geben.

Brechdurchfall
→ Gastroenteritis

Bronchitis
Grundposition 2 sowie Rückenposition 3, Rückenposition 4, Sonderposition 1.

Brustentzündung beim Stillen
Lokale Behandlung: Grundposition 4 und Sonderposition 3 sowie Sonderposition 4.

Bulimie *(Eßsucht mit anschließendem Erbrechen)*
→ Psychische Krankheiten

Dekubitus *(Wundliegen)*
Lokale Behandlung: Ganzkörperbehandlung, Sonderposition 3.

Diabetes *(Zuckerkrankheit)*
Kopfposition 2, Grundposition 2, Sonderposition 3, Sonderposition 7

Diarrhö *(Durchfall)*
Kopfposition 1, Kopfposition 4, und Grundposition 3, und/oder Grundposition 4 und Rückenposition 1.

Eierstockentzündung
→ Ovarien

Ekzem *(Ausschlag)*
Direkt auf die befallene Stelle Reiki geben, diese aber dabei möglichst nicht berühren: Grundposition 1, Rückenposition 2, Sonderposition 3, Sonderposition 4.

Emphysem
Grundposition 1, Grundposition 2, Grundposition 4 und Rückenposition 3.

Enteritis *(Darmentzündung)*
Grundposition 3, Grundposition 4, und Rückenposition 1 sowie Sonderposition 4.

Entgiftung
Grundposition 2 und Grundposition 4 sowie Rückenposition 1 und Rückenposition 2.

Epilepsie
Kopfposition 2, Kopfposition 5, Grundposition 3 und Rückenposition 3. Bei einem Anfall den Patienten sicher lagern und sofort den Notarzt rufen!

Fettsucht
→ Psychische Krankheiten

Fieber
Kopfposition 2, Kopfposition 4, Grundposition 2, Sonderposition 3.

Fraktur *(Knochenbruch)*
Den Arzt aufsuchen! Danach über der Buchstelle lokal mit Reiki behandeln.

Gallenkrankheiten
Kopfposition 1, Kopfposition 4, Grundposition 3 und Rückenposition 2 sowie Sonderposition 2.

Gastroenteritis *(Magen- und Darmentzündung mit Erbrechen)*
Kopfposition 1, Grundposition 3, und Rückenposition 2 sowie Sonderposition 3.

Gehirnschlag
Grundsätzlich sofort den Arzt rufen! Bis zum Eintreffen des Arztes: Kopfposition 2.

Genitalkrankheiten
Grundsätzlich dürfen Geschlechtskrankheiten nur vom Arzt behandelt werden! Unterstützend dazu können diese Krankheiten mit Grundposition 4, Sonderposition 3, und Sonderposition 4, behandelt werden.

Gicht
Lokale Behandlung mit Reiki geben, außerdem: Grundposition 4, Rückenposition 2.

Gleichgewichtsstörungen
Kopfposition 4.

Grippe
→ Influenza

Gürtelrose
Behandlung an der betreffenden Stelle: Chakrenausgleich, Grundposition 2, Grundposition 3, und Rückenposition 3 sowie Rückenposition 5.

Haarausfall
Lokale Behandlung mit Reiki: Kopfposition 1, Grundposition 4, und Rückenposition 3 sowie Sonderposition 1.

Halsschmerzen
Grundposition 1.

Hämatom *(Bluterguß)*
Lokale Behandlung mit Reiki: Grundposition 2, Grundposition 3, Rückenposition 1.

Hämorrhoiden
→ Varizen

Hautkrankheiten
Behandelt werden die entsprechenden Stellen, zusätzlich: Grundposition 2, Rückenposition 2.

Harnwegsinfekte
Grundposition 4, Rückenposition 1, Rückenposition 2, Sonderposition 3, Sonderposition 6.

Heiserkeit
Grundposition 1.

Hepatitis
Ganzbehandlung, Grundposition 3, Rückenposition 2, Sonderposition 2, Sonderposition 3.

Herpes
Lokale Behandlung, Grundposition 2, Sonderposition 3.

Herz
Behandlungen sollten nie direkt auf das Herz gegeben werden. Die meisten akuten Herzkrankheiten müssen sofort vom Arzt oder Heilpraktiker behandelt werden! Bei Herzerkrankungen kann lediglich Reiki unterstützend gegeben werden.

Herzanfall
Bis der Notarzt da ist, ist der Ober- und Unterbauch mit Reiki wie folgt zu behandeln: Grundposition 3, Rückenposition 2 und Rückenposition 3 sowie Sonderposition 2.

Herzbeklemmung
Rückenposition 2 und Rückenposition 3 sowie Sonderposition 2.

Herzinfarkt
Sofort den Notarzt rufen! Bis dahin auf Ober- und Unterbauch Reiki geben: Sonderposition 2.

Herzjagen
Grundposition 1, Sonderposition 7.

Heuschnupfen
Kopfposition 2, Kopfposition 5.

Hexenschuß
Lokal behandeln.

Hodenentzündung
Grundposition 4, Rückenposition 1, Sonderposition 3.

Hypotonie *(zu niedriger Blutdruck)*
Rückenposition 1 und Rückenposition 3 sowie Sonderposition 7.

Hypertonie *(zu hoher Blutdruck)*
Grundposition 1, Sonderposition 2, Sonderposition 7.

Immunschwäche
Ganzbehandlung des Körpers, Sonderposition 3.

Impotenz
Kopfposition 1, Grundposition 3, Grundposition 4, Sonderposition 4.

Influenza *(Grippe)*
Ganzbehandlung des Körpers, Grundposition 1, Grundposition 2, und Sonderposition 3 sowie Sonderposition 4.

Insektenstich
Lokale Behandlung der betreffenden Stelle und nächstliegenden Lymphknoten mitbehandeln: Sonderposition 3.

Ischias
Sonderposition 8.

Juckreiz
Die betreffende Stelle mit Reiki behandeln: Kopfposition 2, Grundposition 1, Rückenposition 2, Sonderposition 4,

Kehlkopf
Grundposition 1.

Keimdrüsen
Grundposition 3, Grundposition 4, Sonderposition 4.

Keuchhusten
→ Kinderkrankheiten

Kiefernhöhle
Kopfposition 2, Kopfposition 4.

Kopfschmerzen
Kopfposition 1, Kopfposition 2, Kopfposition 3, Sonderposition 7.

Knieerkrankungen
Sonderposition 5 und Sonderposition 6.

Knochenbrüche
Nach einer ärztlicher Versorgung mit Reiki behandeln: Rückenposition 1.

Kreislaufkollaps
Den Notarzt rufen! Rückenposition 3, Sonderposition 4, Sonderposition 7.

Krampfadern
→ Varizen

Krebs
Neben der ärztlichen Betreuung: Ganzbehandlung und Chakrenausgleich. Behandlung der betroffenen Stellen, Grundposition 2, Grundposition 3, Sonderposition 3.

Kreislaufbeschwerden
Grundposition 2, Sonderposition 4, Sonderposition 7.

Krupp
→ Kinderkrankheiten

Laryngitis *(Kehlkopfentzündung)*
Grundposition 1, Sonderposition 1.

Leber
→ Hepatitis

Leibschmerzen
Grundposition 3.

Leukämie
Neben der ärztlichen Betreuung: Ganzkörperbehandlung, Grundposition 3, Grundposition 4, Sonderposition 3, Rückenposition 1, Rückenposition 2.

Lunge
Grundposition 2, Rückenposition 3, Sonderposition 1.

Lymphe
Grundposition 4.

Lymphknoten
Den betreffenden Lymphknoten behandeln: Grundposition 4.

Magen
Grundposition 3, Sonderposition 3.

Magersucht
→ Psychische Krankheiten

Magengeschwür
Kopfposition 1, Grundposition 3, Rückenposition 2 oder auch Sonderposition 3.

Mandelentzündung
Grundposition 1 und Rückenposition 2.

Meningitis *(Hirnhautentzündung)*
Bei Verdacht auf Meningitis sofort den Arzt rufen! Bis dahin mit Reiki behandeln: Kopfposition 1, Kopfposition 2, Kopfposition 5 und Sonderposition 3.

Menstruationsbeschwerden
Grundposition 4, Sonderposition 4.

Migräne
Kopfposition 1, Kopfposition 2, Sonderposition 4.

Milz
Sonderposition 3 und Rückenposition 2.

Mittelohrentzündung
→ Otitis media

Morbus Crohn ***(Entzündung des Dickdarms)***
Grundposition 4 und Rückenposition 1 sowie Sonderposition 3 und Sonderposition 4.

Mukoviszidose ***(Krankheit der innersekretorischen Drüsen, Verdickung des inneren Schleims)***
→ Kinderkrankheiten.

Mumps
→ Kinderkrankheiten

Muskelkrampf
Lokale Behandlung.

Nabelkoliken
→ Kinderkrankheiten

Nägel
Lokale Behandlung mit Reiki: Rückenposition 1.

Nasenbluten
Kopfposition 2, Kopfposition 5, Grundposition 3.

Nasennebenhöhlenentzündung
Kopfposition 2.

Nebennieren
→ Nierenerkrankungen

Nephritis ***(Nierenentzündung)***
Grundposition 4 sowie Rückenposition 1, Rückenposition 2, Sonderposition 3.

Nervenschmerzen
Ganzkörperbehandlung, lokale Behandlung, Grundposition 3.

Nervenzusammenbruch
Ganzkörperbehandlung, Kopfposition 1, Kopfposition 2, Kopfposition 3, Kopfposition 5, Grundposi-

tion 1, Grundposition 2, Grundposition 3, Rückenposition 3 und Rückenposition 5.

Neurodermitis
Ganzkörperbehandlung, Chakrenausgleich. Lokale Behandlung: Grundposition 2, Grundposition 3.

Nieren
Grundposition 4, Rückenposition 1, Rückenposition 2, Sonderposition 4, Sonderposition 6.

Nykturie ***(verstärkte Harnabsonderung)***
Grundposition 2, Grundposition 4, Sonderposition 3 und Sonderposition 4 sowie Rückenposition 1 und Rückenposition 2.

Obstipation ***(Verstopfung)***
Grundposition 3 sowie Rückenposition 1, Rückenposition 2, Sonderposition 4.

Ödem ***(Wassersucht)***
Kopfposition 2, Grundposition 1, Grundposition 2, Grundposition 3, Grundposition 4 sowie Rückenposition 1 und Rückenposition 2.

Ohnmacht
Sofort Erste Hilfe leisten! Danach: Sonderposition 7.

Ohren
Kopfposition 2, Kopfposition 4.

Osteoporose
Grundposition 4 und Rückenposition 1.

Otitis media ***(Mittelohrentzündung)***
Kopfposition 4, Grundposition 1, Sonderposition 3.

Ovarien ***(Eierstöcke)***
Grundposition 4, Sonderposition 4.

Pankreas ***(Bauchspeicheldrüse)***
Grundpositon 3, Sonderposition 3.

Perikarditis ***(Herzbeutelentzündung)***
Grundposition 2 und Rückenposition 2 sowie Sonderposition 3.

Pfeiffersches Drüsenfieber
Kopfposition 4, Grundposition 1, Grundposition 4, Sonderposition 4.

Pharyngitis *(Rachenentzündung)*
Grundposition 1, Sonderposition 3, Rückenposition 5.

Pleuritis *(Rippenfellentzündung)*
Die Hände liegen rechts und links auf den Rippen über und unter der Brust, Grundposition 2, Rückenposition 3, Sonderposition 3.

Pneumonie *(Lungenentzündung)*
Grundposition 1, Grundposition 2, Sonderposition 1 und Rückenposition 3.

Poliarthritis *(rheumtisches Fieber)*
→ Kinderkrankheiten

Poliomyelitis *(Kinderlähmung)*
→ Kinderkrankheiten

Prellungen
→ Hämatom

Prostata *(Vorsteherdrüse)*
Grundposition 4 und Rückenposition 1 sowie Sonderposition 4.

Pylorospasmus *(Magenpförtnerkrampf)*
→ Kinderkrankheiten

Quetschungen
Lokale Behandlung.

Rachitis
→ Kinderkrankheiten

Rheuma
Ganzkörperbehandlung, Grundposition 3, Rückenposition 2, Sonderposition 4, Sonderposition 6.

Rhinitis *(Schnupfen)*
Kopfposition 2, Kopfposition 4.

Roemheldsyndrom *(Blähungen und Völlegefühl)*
Achtung: Symptome verwechselbar mit Herzinfarkt. Behandlung: Kopfposition 1, Grundposition 3, Rückenposition 3.

Röteln *(Rubeola)*
→ Kinderkrankheiten

Scharlach
→ Kinderkrankheiten

Scheuermannsche Krankheit
Rückenposition 1, Rückenposition 2, Rückenposition 3, Rückenposition 5, Sonderposition 4, Sonderposition 7.

Schilddrüse
Kopfposition 1, Grundposition 1 und 2 und Rückenposition 3.

Schlaflosigkeit
Kopfposition 2, Kopfposition 3, Grundposition 3, Sonderposition 4.

Schlaganfall
Bei Verdacht auf Schlaganfall sofort den Arzt rufen! Behandlungsmethode bei Rekonvaleszenzpatienten für die nicht betroffene Hirnhälfte: Kopfposition 2, Grundposition 1, Grundposition 3.

Schleudertrauma
Rückenposition 4.

Schluckauf
Grundposition 3 und Sonderposition 3.

Schock
Erste-Hilfe-Behandlung! Kopfposition 5, Grundposition 3, Rückenposition 2, Sonderposition 4, Sonderposition 7.

Schüttelfrost
Kopfposition 2, Kopfposition 4, Grundposition 2 und Sonderposition 3.

Schwangerschaft
Ganzkörperbehandlung, Grundposition 3, Sonderposition 4, Rückenposition 1 und Rückenposition 2.

Schwerhörigkeit
Kopfposition 4.

Sehnenscheidenentzündung
Lokale Stelle behandeln: Grundposition 1, Grundposition 3.

Sehstörungen
Kopfposition 1, Kopfposition 2.

Sekrete
Behandlung der entsprechenenden Drüse und des jeweils zugeordneten Chakras.

Sodbrennen
Kopfposition 5, Grundposition 3, Sonderposition 3.

Sonnenstich
Kopfposition 2, Grundposition 3, Sonderposition 4 und Sonderposition 7.

Soor *(Pilzinfektionen der Schleimhäute)*
Lokale Behandlung, Grundposition 1, Grundposition 3, Rückenposition 1, Sonderposition 3.

Speicheldrüsen
Ohrspeicheldrüse: Kopfposition 4, Mundspeicheldrüsen: (unter den Ohren von hinten den Unterkiefer zum Kinn hin umfassen) Grundposition 1.

Stirnhöhlenentzündung
Kopfposition 2 sowie Sonderposition 3.

Stoffwechselkrankheiten
Ganzkörperbehandlung, Kopfposition 2, Grundposition 1, Grundposition 3, Grundposition 4, Rückenposition 2 und Sonderposition 7.

Struma *(Schilddrüsenvergrößerung)*
Grundposition 1, Grundposition 3, Grundposition 4, Sonderposition 4, Chakrenausgleich von Hals und Sakralchakra.

Thrombose
Lokale Behandlung, Grundposition 2, Grundposition 3, Rückenposition 1.

Tonselektomie *(Mandeloperation)*
Grundposition 1 und Rückenposition 2 sowie Sonderposition 7.

Tumore
Lokale Behandlung, Chakrenausgleich, Rückenposition 1, Sonderposition 3.

Übelkeit
Kopfposition 5, Grundposition 1, Grundposition 3.

Übergewicht
Kopfposition 1, Grundposition 1, Grundposition 4, Sonderposition 4, Rückenposition 2.

Varizen
Lokale Behandlung, Grundposition 4, Sonderposition 7.

Vegetatives Nervensystem
Grundposition 3.

Venenerkrankungen
Lokale Behandlung, Grundposition 4, Sonderposition 4.

Verbrennungen
Die betroffene Stelle auf keinen Fall berühren! Die Hände nur in einem geringen Abstand darüber halten. Lokale Behandlung, Grundposition 1, Grundposition 2, Grundposition 4.

Verdauungsapparat
Kopfposition 1, Kopfposition 4, Grundposition 1, Grundposition 4, Rückenposition 1 und Rückenposition 2 sowie Sonderposition 6.

Verspannungen
Lokale Behandlung, Rückenposition 3.

Verstauchungen
Lokale Behandlung, Rückenposition 1.

Wadenkrämpfe
Lokale Behandlung, Rückenposition 1, Sonderposition 5, Sonderposition 7.

Wechseljahresbeschwerden
Grundposition 1, Grundposition 4, Sonderposition 4.

Windpocken
→ Kinderkrankheiten

Wirbelsäule
Ab Rückenposition 1 den Rücken nach oben hin, also in Richtung Kopf, hin aufsteigend lokal mit Reiki behandeln.

Wundbehandlung
Lokale Behandlung.

Wundrose
Lokale Behandlung, Grundposition 4, Sonderposition 3, Rückenposition 1.

Zahnfleischbluten
Lokale Behandlung.

Zahnschmerzen
Lokale Behandlung mit Reiki, Kopfposition 2, Rückenposition 1.

Zöliakie *(Dünndarmerkrankung, Abflachung der Darmzotten)*
→ Kinderkrankheiten

Zwerchfell
Grundposition 3, Sonderposition 3.

Zwölffingerdarmgeschwür
Grundposition 1, Grundposition 3, Sonderposition 2.

Zysten
Lokale Behandlung.

Psychische Krankheiten

Aggressionen
In der ersten Zeit tägliche Behandlung des Herz-Chakra, Grundposition 2, anschließend Ausgleich der Chakren.

Alpträume
Kopfposition 1, Kopfposition 3, Grundposition 4, Sonderposition 4.

Angst
Kopfposition 5, Grundposition 3, Rückenposition 1 und Rückenposition 3 sowie Sonderposition 2

Appetitlosigkeit
Kopfposition 1, Grundposition 1, Grundposition 3, Grundposition 4, Sonderposition 4.

Autismus
Kopfposition 3, Grundposition 1, Grundposition 2 und Rückenposition 3, Ausgleich aller Chakren sowie Ganzbehandlung

Bulimie *(Eßsucht mit anschließendem Erbrechen)*
Grundposition 1, Grundposition 4, Sonderposition 4, Chakrenausgleich, Rückenposition 2, Rückenposition 3.

Depressionen
Chakrenausgleich sowie Kopfposition 1, Kopfposition 2, Kopfposition 3, Grundposition 3, Rückenposition 1, Rückenposition 3, Sonderposition 2, Sonderposition 4.

Eifersucht
Chakrenausgleich, und Grundposition 1, Grundposition 2, Rückenposition 1, Sonderposition 2, Sonderposition 4.

Fettsucht
Grundposition 2, Grundposition 3, Grundposition 4 und Sonderposition 4.

Frigidität
Chakrenausgleich und Grundposition 4, Rückenposition 3, Sonderposition 4

Hyperaktivität
Chakrenausgleich, Kopfposition 1, Kopfposition 3, Grundposition 1, Grundposition 3.

Impotenz
Kopfposition 1, Grundposition 3, Grundposition 4, Sonderposition 4.

Intoleranz
Chakrenausgleich und Grundposition 1, Grundposition 2, Grundposition 3, Rückenposition 3.

Klimakteriumsbeschwerden *(Wechseljahre)*
Grundposition 1, Grundposition 4, Sonderposition 4.

Magersucht
Ganzkörperbehandlung und Chakrenausgleich, Grundposition 1, Grundposition 3, Sonderposition 2, Sonderposition 4.

Migräne
Kopfposition 1, Kopfposition 2, Sonderposition 4.

Minderwertigkeitsgefühle
Chakrenausgleich, Kopfposition 3, Grundposition 3 und Rückenposition 1.

Nägelkauen
Lokale Behandlung, Chakrenausgleich, Grundposition 3, Rückenposition 1.

Nervosität
Kopfposition 2, Grundposition 1, Grundposition 3.

Neurodermitis
Ganzkörperbehandlung, Chakrenausgleich, lokale Behandlung, Grundposition 2, Grundposition 3.

Nervenschmerzen
Ganzkörperbehandlung, lokale Behandlung, Grundposition 3.

Nervenzusammenbruch
Ganzkörperbehandlung, Kopfposition 1, Kopfposition 2, Kopfposition 3, Kopfposition 5, Grundposition 1, Grundposition 2, Grundposition 3, Rückenposition 3, und Rückenposition 5.

Neurosen
Chakrenausgleich, Kopfposition 2, Kopfposition 5, Grundposition 1, Grundposition 3, Sonderposition 4.

Nymphomanie
Chakrenausgleich, Grundposition 1, Grundposition 4, Rückenposition 1, Rückenposition 2, Sonderposition 4.

Panik
Kopfposition 5, Grundposition 3, Rückenposition 2, Rückenposition 3, Sonderposition 2.

Perfektionismus
Kopfposition 2, Kopfposition 3, Grundposition 3 und Rückenposition 1.

Pessimismus
Kopfposition 2, Kopfposition 3, Kopfposition 5, Grundposition 3, Rückenposition 1 und Rückenposition 3 sowie Sonderposition 2 und Sonderposition 4.

Psychovegetativer Erschöpfungszustand
Chakrenausgleich, Kopfposition 1, Kopfposition 2, Kopfposition 4, Grundposition 3, Sonderposition 1, Sonderposition 7.

Resignation
Chakrenausgleich, Grundposition 2, Grundposition 3, Rückenposition 3, Rückenposition 4.

Schlaflosigkeit
Kopfposition 2, Kopfposition 3, Grundposition 3, Sonderposition 4.

Schock
Erste-Hilfe-Behandlung, Kopfposition 5, Grundposition 3, Rückenposition 2, Sonderposition 4, Sonderposition 7.

Sexualprobleme
Kopfposition 2, Grundposition 2, Grundposition 4, Rückenposition 1, Rückenposition 2, Rückenposition 3, Sonderposition 2, Sonderposition 4.

Stottern
Chakrenausgleich, Kopfposition 3, Grundposition 1, Grundposition 3.

Streß
Kopfposition 1, Kopfposition 3, Grundposition 1, Grundposition 3, Sonderposition 1.

Tagträumerei
Kopfposition 3, Grundposition 2, Grundposition 3, Rückenposition 1, Rückenposition 3, Rückenposition 4.

Übergewicht
Kopfposition 1, Grundposition 1, Grundposition 4, Sonderposition 4, Rückenposition 2.

Bauchschmerzen
Lokale Behandlung, Grundposition 2, Grundposition 3.

Bettnässen
Grundposition 1, Grundposition 3, Grundposition 4 und Rückenposition 2 sowie Sonderposition 4.

Daumenlutschen
Chakrenausgleich, Grundposition 2, Grundposition 3 und Rückenposition 1.

Keuchhusten
Grundposition 1, Grundposition 2, Rückenposition 3, Sonderposition 1.

Krupp
Bei akutem Anfall mit Atemnot sofort den Arzt rufen! Bis dahin Grundposition 1, Grundposition 2, Sonderposition 1 und Sonderposition 2.

Leukämie
Chakrenausgleich, und Grundposition 4, Rückenposition 1, Sonderposition 3 sowie Sonderposition 7.

Masern
Kopfposition 2, Kopfposition 4, Kopfposition 5, Grundposition 1, Grundposition 2 und Sonderposition 3.

Mukoviszidose *(Krankheit der innersekretorischen Drüsen, Verdickung des inneren Schleims)*
Ausgleich aller Chakren, Sonderposition 3.

Mumps
Kopfposition 4, Grundposition 1, Grundposition 4, Sonderposition 3.

Nabelkoliken
Dabei handelt es sich meist um eine psychische Reaktion, die auf familiäre Probleme hinweist. Chakrenausgleich und Grundposition 3.

Poliarthritis *(rheumatisches Fieber)*
Behandlung auf den jeweils befallenen Gelenken, Rückenposition 1, Sonderposition 5 und Sonderposition 6.

Poliomyelitis
(Kinderlähmung)
Neben der ärztlichen Behandlung: Chakrenausgleich, Kopfposition 2, Grundposition 1 und Sonderposition 3.

Pyloru-Spasmus
(Magenpförtnerkrampf, Krankheit bei Neugeborenen)
Grundposition 3, Sonderposition 2.

Rachitis
Ganzkörperbehandlung, Grundposition 2, Rückenposition 1, Sonderposition 6.

Rubeola
(Röteln)
Kopfposition 2, Grundposition 1, Grundposition 4, Sonderposition 4.

Trotzphase
Chakrenausgleich, Kopfposition 1, Kopfposition 3, Grundposition 1.

Windpocken
Ganzkörperbehandlung, Kopfposition 1, Grundposition 2, Sonderposition 3, Rückenposition 2.

Zahnen
Die Hände auf die Wangen und den Kieferbereich legen, die Fingerspitzen zeigen zum Kinn, Rückenposition 1.

Zöliakie
(Dünndarmerkrankung, Abflachung der Darmzotten)
Grundposition 3, Grundposition 4, Rückenposition 2 und Sonderposition 3 sowie Sonderposition 4.

Quellenverzeichnis

Avalon, Arthur, *Die Schlangenkraft*, Otto W. Barth-Verlag, 1994

Baginski, Bodo J. und Sharamon, Shalila, *Reiki, universale Lebensenergie*, Synthesis-Verlag, Essen

Die Bibel. Altes und Neues Testament. Einheitsübersetzung. Lizenzausgabe des Verlages Herder GmbH & Co KG Freiburg i. Brsg. für Bertelsmann Club GmbH.
© 1980 Katholische Bibelanstalt GmbH, Stuttgart

Johari, Harish, *Chakras*, Sphinx, Basel 1992

Nordwald Pollock, Maud, *Vom Herzen durch die Hände,* Verlag Hermann Bauer, Freiburg

Trökes, Anna, *Der Weg des Yoga,* Kapitel: *Hatha-Yoga*, herausgegeben vom Berufsverband Deutscher Yogalehrer, Verlag Via Nova, Petersberg 1991

Danksagung

Mein besonderer Dank gilt den Menschen, die mir bei der Erstellung dieses Buches geholfen und mich unterstützt haben.
Namentlich möchte ich erwähnen: Frau Dr. Dagmar Landvogt-Aißlinger, die ihre umfangreichen Kenntnisse über Yoga und Chakren in liebevoller Weise eingebracht hat, sowie meinen Mann Ulrich Gottwald und meine Tochter Susanne, die sich beide mit viel Engagement als Fotomodell für dieses Buch zur Verfügung gestellt haben.
Außerdem danke ich allen meinen Patienten und Schülern, durch die ich meine Erfahrungen sammeln konnte, die die Grundlage für dieses Buch bildeten.

Brigitte Glaser

Adressen

Wenn Sie an einem *Reiki-Seminar* bei den Autorinnen dieses Buches teilnehmen möchten, schreiben Sie bitte an:

Brigitte Glaser
(Reiki-Meisterin der RAI)
Ulrich Gottwald
(Reiki-Meister der RAI)
Im Dahl 44
53117 Bonn

Ursula Vogt
(Reiki-Meisterin der RAI)
Johannesstraße 24 b
50767 Köln

Weitere Adressenlisten von Reiki-Meistern und auch Informationen erhalten Sie bei der:

Reiki-Association International e.V. (RAI)
Burg Raiffershardt
51570 Windeck

Außer Reiki-Seminaren bietet die Autorin *Brigitte Glaser* folgende *Seminare* an:

- Kartenlegen mit Skatkarten
- Kartenlegen mit Kipperkarten

Für *esoterische Lebensberatung* können Sie Termine zu folgenden Themen bei Frau *Brigitte Glaser* vereinbaren:

- Chakrenreise/-behandlung
- Reiki-Behandlung
- Esoterische Lebensberatung
- Handlesen/Kartenlegen
- Bachblütentherapie

Mensch und Gesundheit

FALKEN TaschenBuch

FALKEN

Die Heilkraft der Pflanzen
Von S. Poth - 208 S.,
194 Farbfotos, gebunden
ISBN: 3-8068-**4862**-9
Preis: DM 39,90

Vorgestellt werden etwa 100 Heilpflanzen mit botanischer Beschreibung, Inhaltsstoffen, Einsatzmöglichkeiten und Besonderheiten. Die einzelnen Pflanzen sind den Krankheiten zugeordnet - der medizinische Laie findet sofort die für ihn relevanten Pflanzen.

Neurodermitis
Von Prof. Dr. med. S. Borelli,
Prof. Dr. med. J. Rakoski
136 S., 6 s/w-Fotos, 10 s/w-Zeichnungen, kartoniert
ISBN: 3-8068-**1649**-2
Preis: DM 24,90

Viele Menschen leiden unter Neurodermitis. Da es verschiedene Auslöser gibt, haben zahlreiche Betroffene bereits fehlgeschlagene Therapieversuche hinter sich. Dieses Buch hilft ihnen und ihren Angehörigen, den individuell richtigen Umgang mit der Erkrankung zu erlernen.

Rückenschmerzen
Von G. Leibold - 112 S.,
zweifarbig, 30 Zeichnungen,
kartoniert
ISBN: 3-635-**60059**-8
Preis: DM 14,90

Haben Sie auch Rückenschmerzen? Dieser Ratgeber beschreibt die Ursachen, erklärt allgemein verständlich die Krankheitsbilder und informiert über natürliche Heilweisen.

Allergien
Von G. Leibold - 100 S.,
4 Zeichnungen, kartoniert
ISBN: 3-635-**60057**-1
Preis: DM 12,90

Leiden Sie auch unter Heuschnupfen, einer Hausstaub- oder Sonnenallergie? Dieser Ratgeber will helfen, Allergien zu lindern und zu heilen. Er beschreibt allgemein verständlich den Aufbau des menschlichen Abwehrsystems, die verschiedenen Ursachen für Allergien, erklärt ihre Symptome und informiert über natürliche Heilweisen.

Autogenes Training
Von R. Faller - 110 S.,
3 s/w-Zeichnungen, kartoniert
ISBN: 3-635-**60009**-1
Preis: DM 9,90

Durch autogenes Training haben bereits Millionen Menschen zu mehr Lebensfreude und Selbstsicherheit gefunden. Die in diesem Buch dargestellten Übungen führen stufenweise zur positiven Beeinflussung der seelischen Haltung und zu völliger Entspannung.

Fußsohlenmassage
Von G. Leibold - 96 S.,
73 Zeichnungen, kartoniert
ISBN: 3-635-**60036**-9
Preis: DM 11,90

In China entdeckte man schon vor Tausenden von Jahren, daß zahlreiche Zonen des Fußes in einer besonderen Art reflektorischer Beziehung zum übrigen Körper stehen. In diesem praxisorientierten Ratgeber erfahren Sie, wie Sie die heilsamen Wirkungen der Fußmassage für sich selbst nutzen können.

Eine Auswahl aus dem Verlagsprogramm

RAT UND WISSEN

Bewerbung/Karriere

Bewerbungsstrategien
1027-3, von Dr. W. Reichel,
128 S., kart.
DM 14,90

Legale Bewerbungstricks
60325-2, von V. S. Rottmann,
96 S., kart.
DM 12,90

Lebenslauf und Bewerbung
60007-5, von H. Friedrich,
112 S., kart.
DM 9,90

Vorstellungsgespräche
60012-1, von H. Friedrich,
144 S., kart.
DM 11,90

Berufsstart für Hochschulabsolventen
1482-1, von Dr. W. Reichel,
144 S., kart.
DM 19,90

Testtrainer Einstellungstests
4999-4, von Dr. W. Reichel,
136 S., geb.
DM 15,–
(limitierter Sonderpreis)

Arbeitszeugnisse
1444-9, von A. Nasemann,
136 S., kart.
DM 16,90

Rechtsratgeber für Arbeitnehmer
60258-2, von U. Teschke-Bährle, 160 S., kart.
DM 16,90

Selbständigkeit und freie Mitarbeit
1891-6, von T. Hammer,
Dr. W. Kiefl, 144 S., kart.
DM 19,90

Erfolgreiche Existenzgründung
60285-X, von N. Rentrop,
192 S., kart.
DM 19,90

FALKEN Reihe: FALKEN & PITMAN MANAGEMENT
Ausstattung: zwischen
184 S. und 248 S., Broschur
Preis: **DM 39,90**
4972-2 Die ersten 100 Tage als Chef
4973-0 Erfolgreiches Zeitmanagement
4976-5 Richtig delegieren
4971-4 Erfolgreiche Verhandlungstaktiken

4975-7 Die perfekte Präsentation
4974-9 Meetings erfolgreich steuern
7331-3 Marketing – eine Einführung
7329-1 Erfolgreich im Management
7330-5 Basiswissen für Führungskräfte
7328-3 Mitarbeitermotivation durch Empowerment

Schule/Beruf/Lernhilfen

FALKEN Reihe: Schülerhilfe
Ausstattung: zwischen 64 S. und 172 S., kartoniert
Preis: zwischen **DM 14,90** und **DM 24,90**

1834-7 Die neue deutsche Rechtschreibung
1625-5 Deutsche Grammatik I
1710-3 Deutsche Grammatik 2
1571-2 Diktate und Ergänzungsübungen
1626-3 Aufsatz
1623-9 Bruchrechnen
1569-0 Geometrie
1709-X Prozent- und Zinsrechnung
1570-4 Gleichungen und Ungleichungen
1888-6 Wurzeln und Potenzen
1624-7 English Pronouns
1574-7 English Tenses
1784-7 If-Clauses & Co.

Handbuch Mathematik
4964-1, von W. Scholl,
R. Drews, 848 S., geb.
DM 69,90

Gedächtnistraining mit Eselsbrücken
60060-1, von W. Ettig,
96 S., kart.
DM 12,90

Erfolgreich im Beruf mit NLP
60288-4, von K. Grochowiak,
S. Haag, 104 S., kart.
DM 12,90

Buchführung leicht gefaßt
60091-1, von H. R. Pohl,
104 S., kart.
DM 12,90

Schreiben lernen mit Schreibmaschine und PC
60055-5, von O. Fonfara,
112 S., kart.
DM 9,90

Kostenrechnung leicht gemacht
4826-2, von D. Machenheimer, 240 S., geb.
DM 39,90

Recht/Wirtschaft/Steuern

Was kostet mein Recht?
60234-5, von J. Mosler,
104 S., kart.
DM 12,90

Recht für Mieter
1932-7, von M. Gaida,
304 S., kart.
DM 29,90

Stand der Preise 01.09.1997 · Änderungen vorbehalten / *unverbindliche Preisempfehlung

Der FALKEN Bauherren-Ratgeber
4888-2, von W. Jung, B. W. Klöckner, 352 S., kart.
DM 39,90

Ihr Recht als Vermieter
60243-4, von R. Richter, P. J. Schneider, A. Pollert, 208 S., kart.
DM 16,90

BAföG
60017-2, von A. Mengeringhausen, 296 S., kart.
DM 19,90

Eheverträge
60037-7, von T. Münster, 226 S., kart.
DM 19,90

Erziehungsgeld, Mutterschutz, Erziehungsurlaub
60014-8, von J. Grönert, 192 S., kart.
DM 19,90

Scheidung und Unterhalt
60015-6, von T. Drewes, 220 S., kart.
DM 19,90

Wie hoch wird meine Rente?
60209-9, von K. Möcks, A. Schmitt, 160 S., kart.
DM 16,90

Erbschaftsteuer aktuell
60324-4, von W. Ludwig, 128 S., kart.
DM 14,90

Testament und Erbschaft
4139-X, von T. Drewes, R. Hollender, 296 S., geb.
DM 36,–

Keine Angst vor dem Finanzamt
60064-4, von H. Vogt, 132 S., kart.
DM 16,90

Korrespondenz und Rhetorik

Geschäftliche Briefe
60001-6, von G. Briese-Neumann, 120 S., kart.
DM 12,90

Briefe und Reden für den Trauerfall
1789-8, von U. Wetter, 112 S., kart.
DM 16,90

Modernes Redetraining
1575-5, von Prof. Dr. R. Brehler, 120 S., kart.
DM 16,90

Körpersprache
60096-2, von H. Rückle, 96 S., kart.
DM 12,90

Reden für Familienfeiern
60281-7, von G. Kurz, 112 S., kart.
DM 12,90

Lebensstil und Umgangsformen

Farbberatung für die Wohnung
4743-6, von G. Watermann, 128 S., geb.
DM 49,90

Kreative Wohnideen
4889-0, von T. Eichhorn, 128 S., geb.
DM 39,90

388 Frisuren
4969-2, von M. Rüdiger, R. v. Samson, 128 S., geb.
DM 29,90

Krawatten
7319-4, von F. Chaille, 180 S., geb., mit Schutzumschlag
DM 89,90

Tücher und Schals
1898-3, von E. Weber-Lorkowski, 48 S., kart.
DM 14,90

Moderne Umgangsformen
4814-9, von I. Wolff, 256 S., geb.
DM 39,90

Der gute Ton im Privatleben
60097-0, von R. Bartels, 104 S., kart.
DM 12,90

Feste feiern

Wir heiraten
4863-7, von S. Lippe, 160 S., geb.
DM 39,90

Hochzeitsfeste mitgestalten
1790-1, von A. Wilke, B. Haß 104 S., kart.
DM 19,90

Tischdekorationen für die Hochzeit
1825-8, von H. Grob, A. Henseler u.a., 64 S., kart.
DM 19,90

Blumenschmuck für das Brautpaar
4881-5, von H. Grob, A. Henseler u.a., 80 S., geb.
DM 29,90

Neue Hochzeitsreden
60158-6, von S. Harland 112 S., kart.
DM 12,90

Feste feiern
4825-4, von C. Kast, 128 S., geb.
DM 39,90

Die neue Glückwunschfibel
60031-8, von R. Christian-Hildebrandt, 106 S., kart.
DM 9,90

Astrologie/Esoterik

Kinderhoroskop
60242-6, von W. Noé, 152 S., kart.
DM 14,90

Liebes-Horoskop
60297-3, von W. Noé, 128 S., kart.
DM 12,90

Chinesisches Horoskop
60006-7, von G. Haddenbach, 86 S., kart.
DM 9,90

Das Indianische Horoskop
60294-9, von W. Noé, 128 S., kart.
DM 14,90

Tarot für alle Decks
60235-3, von B. A. Mertz, 144 S., kart.
DM 14,90

I Ging
60253-1, von R. Sorrell, A. M. Sorrell, 224 S., kart.
DM 19,90

Reiki
60247-7, von B. Glaser. U. Vogt, 128 S., kart.
DM 14,90

Traumdeutung
60045-8, von G. Haddenbach, 172 S., kart.
DM 12,90

Geheimlehren
60236-1, von N. Drury, G. Tillet, 144 S., kart.
DM 16,90

UFOs über Deutschland
60319-8, von M. Hesemann 208 S., kart.
DM 19,90

RAT UND WISSEN · ESSEN UND TRINKEN

Auto/Führerschein

Der neue Verwarn- und Bußgeldkatalog
60292-2, von F. Littek, 126 S., kart.
DM 12,90

Der Test-Knacker bei Führerscheinverlust
1262-4, von T. Rieh, 120 S., kart.
DM 19,90

Prüfungsfragen und Prüfungsbogen für den Führerschein Kl. 3
1490-2, 104 S., kart.
DM 19,90

Trennkost

Trennkost für 1 Person
4851-3, von U. Summ, 112 S., geb.
DM 29,90

Trennkost leichtgemacht für Berufstätige
4890-4, von U. Summ, 128 S., geb.
DM 29,90

Das große Buch der Trennkost
4498-4, von U. Summ, 128 S., geb.
DM 29,90

Das Beste aus Ursula Summs Trennkost-Küche
4985-4, von U. Summ, 160 S., geb.
DM 29,90

Trennkost aus ärztlicher Sicht
60259-0, von Dr. med. T.-M. Heintze, 84 S., kart.
DM 12,90

Trennkost-Tabelle
1871-1, von U. Summ, 80 S., Flexcover
DM 14,90

Länderküche

Italienische Küche
4830-0, von M. Kaltenbach, R. Simeone, 224 S., geb., mit Schutzumschlag
DM 49,90

Chinesische Küche
7304-6, von H. Fu-Lung, 224 S., geb., mit Schutzumschlag
DM 49,90

ErlebnisKüche: Amerikanische Küche
7308-9, von C. Stevenson Jr., P. Niebergall, 128 S., geb., mit Schutzumschlag
DM 39,90

ErlebnisKüche: Thailand
4945-5, von B. Aepli, 128 S., geb., mit Schutzumschlag
DM 34,90

ErlebnisKüche: Englische Landhausküche
4981-1, von D. Watkins, J. J. Watkins, 128 S., geb., mit Schutzumschlag
DM 39,90

Kochen

Unsere Kochschule
4959-5, von M. Kaltenbach, F. W. Ehlert, 306 S., geb.
DM 25,– (limitierter Sonderpreis)

<u>FALKEN Reihe: ErlebnisKüche</u>
Ausstattung: 128 S., geb., mit Schutzumschlag
Preis: **DM 34,90**
4944-7 Nudeln
4946-3 Raclette und heißer Stein
7315-1 Fondues
4984-6 Aufläufe und Gratins
4982-X Salate

Johann Lafer kocht – Neue Rezepte
7306-2, von J. Lafer, 160 S., geb.
DM 39,90

Johann Lafer kocht mit Kräutern und Gewürzen
7302-X, von J. Lafer, 128 S., geb.
DM 29,90

Preiswert kochen
60025-3, von E. Fuhrmann, 136 S., kart.
DM 12,90

Rezepte mit Joghurt, Kefir & Co.
60068-7, von G. Volz, 104 S., kart.
DM 12,90

Iß und trink und liebe
7303-8, von K. Ottenbach, 72 S., geb., mit Schutzumschlag
DM 49,90

Vegetarische Gerichte aus aller Welt
4977-3, von A. Ilies, 224 S., geb., mit Schutzumschlag
DM 49,90

Vollwertküche für Genießer
4815-7, von Prof. Dr. C. Leitzmann, H. Million, 256 S., geb.
DM 39,90

Das Bioland-Kochbuch
4979-X, von S. v. Küster, 128 S., geb.
DM 29,90

Getränke

FALKEN Mixbuch
4733-9, Hrsg.: P. Bohrmann, 560 S., geb.
DM 39,90

Weinlexikon
4942-0, von Dr. H. Ambrosi, 384 S., geb.
DM 39,90

Mein Hobby Wein
7309-7, von R. Kriesi, 128 S., geb.
DM 34,90

Wein richtig genießen lernen
4809-2, von H. Ambrosi, I. Swoboda, 128 S., geb.
DM 24,90

Was Weinfreunde wissen wollen
7342-9, von Prof. Dr. K. Röder u.a., 192 S., geb.
DM 29,90

Diät/Diabetiker

FALKEN Reihe: Diät und Genuss
Ausstattung: 112 S., kartoniert
Preis: **DM 24,90**
1794-4 Herz- und Kreislauferkrankungen
1793-6 Diabetes mellitus Typ II
1850-9 Gicht
DM 19,90

Gerichte für Diabetiker
60033-4, von M. Oehlrich, 108 S., kart.
DM 12,90

Kochen und Backen bei Nahrungsmittelallergien
4745-2, von Dr. med. C. Thiel, A. Ilies, 128 S., geb.
DM 39,90

Cholesterinarm kochen und genießen
4442-9, von R. Unsorg, 168 S., geb.
DM 49,90

Fettarm kochen – Abnehmen mit Genuß
4866-1, von G. Hölz, H. Million, 128 S., geb.
DM 39,90

Besser leben durch Fasten
60065-2, von G. Leibold, 92 S., kart.
DM 12,90

Mutter und Kind

4761-4 **Mein Kind ist krank, so hilft die Natur**
von Dr. med. H. Wachtl, 160 S., geb.
DM 39,90

7316-X **Wenn Kinder krank werden**
von B. Nees-Delaval, 240 S., geb.
DM 39,90

Wir werden Eltern
4853-X, von B. Nees-Delaval, 376 S., geb.
DM 39,90

Das erste Jahr mit dem Baby
4884-X, von Dr. med. M. Weber, 144 S., geb.
DM 39,90

Die schönsten Vornamen
4755-X, von Dr. D. Voorgang, 200 S., geb.
DM 19,90

Die Kunst des Stillens
60084-9, von Prof. Dr. med. E. Schmidt, S. Brunn, 110 S., kart.
DM 12,90

Bachblüten für mein Kind
1773-1, von B. und K. Jacoby, 88 S., kart.
DM 19,90

Mensch und Gesundheit

Heilpflanzen
4954-4, von A. Eckert, Dr. G. Eckert, 176 S., geb.
DM 39,90

Blütentherapie nach Dr. Bach
60019-9, von I. Wenzel, 96 S., kart.
DM 9,90

Entschlackungs- und Entgiftungskuren
60306-6, von Dr. med. U. Böhmig, 118 S., kart.
DM 14,90

Traditionelle Chinesische Medizin
60312-0, von Dr. med. C. Kunkel, 118 S., kart.
DM 14,90

Teebaumöl
1878-9, von S. Poth, Prof. Dr. J. Reichling, 96 S., kart.
DM 19,90

Chinesische Fünf-Elemente-Ernährung
68005-2, von Dr. med. C. Kunkel, 144 S., kart.
DM 29,90

Osteoporose-Gymnastik
1736-7, von M. Schmidt, 96 S., kart.
DM 24,90

Allergien
60057-1, von G. Leibold, 100 S., kart.
DM 12,90

Neurodermitis
1649-2, von Prof. Dr. med. phil. S. Borelli, Prof. Dr. med. J. Rakoski, 136 S., kart.
DM 24,90

Rheuma
60040-7, von Prof. Dr. med. K. Gräfenstein, 108 S., kart.
DM 14,90

Schuppenflechte
1467-8, von Prof. Dr. med. phil. S. Borelli, Prof. Dr. med. R. Engst, 102 S., kart.
DM 19,90

Gymnastik für die Halswirbelsäule
1610-7, von J. Engelmann, 96 S., kart.
DM 19,90

Augentraining
1616-6, von M. Gollub, Hrsg.: K. Haak, 96 S., kart.
DM 24,90

Heilen und Vorbeugen mit Wein
60311-2, von Dr. med. F.-A. Graf von Ingelheim, I. Swoboda, 96 S., kart.
DM 14,90

Massage
60038-5, von K. Schutt, 78 S., kart.
DM 12,90

Akupressur
1231-4, von F. T. Lie, 192 S., kart.
DM 29,90

Fußsohlenmassage
60036-9, von G. Leibold, 96 S., kart.
DM 11,90

Yoga
60093-8, von U. Thomsen, 104 S., kart.
DM 12,90

Qigong
1316-7, von L. U. Schoefer, 96 S., kart.
DM 19,90

Streß bewältigen durch Entspannung
60070-9, von Dr. med. Ch. Schenk, 122 S., kart.
DM 14,90

Aromatherapie
1131-8, von K. Schutt,
96 S., kart.
DM 14,90

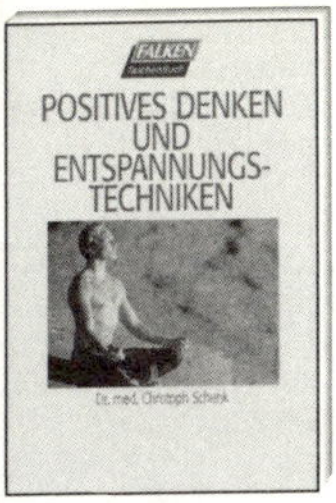

Positives Denken und Entspannungstechniken
60305-8, von Dr. med.
C. Schenk, 112 S., kart.
DM 12,90

Sport

FALKEN Reihe: Ratgeber für Reiter
Ausstattung: zwischen 128 S. und 176 S., geb.
Preis: zwischen **DM 29,90** und **DM 39,90**
4797-5 Ich will reiten lernen
4845-9 Junge Pferde selbst ausbilden
4792-4 Reiten im Gelände

4871-8 Reiten für Einsteiger
4716-9 Reiten auf Gangpferden
4949-8 Wie verstehe ich mein Pferd?

FALKEN Reihe: Golf Praxis
Golf für Einsteiger
Buch: 4798-3, von O. Heuler,
160 S., geb.
DM 36,–
Video: 6209-5, VHS,
ca. 45 Min.
DM 49,95*

Der Schwung
Buch: 4784-3, von O. Heuler,
128 S., geb.
DM 29,90
Video: 6180-3, VHS,
ca. 45 Min.
DM 49,95*

Das kurze Spiel
Buch: 4799-1, von O. Heuler,
128 S., geb.
DM 29,90
Video: 6181-1, VHS,
ca. 45 Min.
DM 49,95*

Fehler & Korrekturen
Buch: 4872-6, von O. Heuler,
144 S., geb.
DM 39,90
Video: 6182-X, VHS,
ca. 45 Min.
DM 49,95*

Golf. Die frühen Jahre
7339-9, von D. Concannon,
144 S., geb.,
mit Schutzumschlag
DM 69,90

FALKEN Reihe: Sportregeln
Ausstattung: zwischen 96 S. und 128 S., kart.
Preis: zwischen **DM 16,90** und **DM 24,90**
1676-X Basketball
1674-3 Pool-Billard
1675-1 Fußball
1754-5 Eishockey
1755-3 Tennis
1807-X Badminton

Tauchen
4955-2, von S. Müßig,
128 S., geb.
DM 39,90

Tennistraining mit System
4878-5, von A. Ferrauti,
P. Maier, K. Weber,
192 S., geb.
DM 49,90

Billard
1313-2, von Dr. H. Stingl,
112 S., kart.
DM 29,90

Aggressive In-Line-Skating
1836-3, Hrsg.: U. Sauter,
112 S., kart.
DM 24,90

Freeclimbing
1251-9, von T. Strobl,
160 S., kart.
DM 29,80

Snowboarding
1860-6, von A. Hebbel-Seeger, ca. 112 S., kart.
ca. DM 24,90

Angeln
60080-6, von E. Bondick,
80 S., kart.
DM 12,90

Tanzen
4948-X, von P. Wolff,
192 S., geb.
DM 49,90

Fitness/Gymnastik

Fitness-Boxen
1671-9, von F. Kürzel,
P. Wastl, 96 S., kart.
DM 24,90

Fit mit Ayurveda
60260-4, von J. Douillard,
208 S., kart.
DM 19,90

Stretching
60085-7, von E. Kleila,
64 S., kart.
DM 9,90

Bodybuilding für Frauen
1510-0, von E. Wanghofer,
88 S., kart.
DM 12,90

Muskeltraining zu Hause
60100-4, von A. Balk,
128 S., kart.
DM 14,90

Kampfsport

Aikido
0537-7, von R. Brand,
280 S., kart.
DM 24,90

Judo
0305-6, von M. Ohgo,
206 S., kart.
DM 19,90

Karate Grundlagen
1863-0, von E. Karamitsos,
B. Pejcic, 144 S., kart.
DM 29,90

Shaolin-Kempo Kung-Fu
1864-9, von R. Czerni,
K. Konrad, 246 S., kart.
DM 29,90

25 Shotokan-Katas
0859-7, von A. Pflüger,
88 S., kart.
DM 19,90

Bruce Lee – Sein Leben und Kampf
0392-7, v. L. Lee, 136 S., kart.
DM 24,90

Bruce Lees Kampfstil 1
0473-7, von B. Lee,
M. Uyehara, 112 S., kart.
DM 14,90

Bruce Lees Kampfstil 2
0486-9, von B. Lee,
M. Uyehara, 128 S., kart.
DM 12,90

Dynamische Tritte
1683-2, von G. Chung,
C. Rothrock, 128 S., kart.
DM 19,90

Taekwondo
0347-1, von K. Gil, 152 S., kart.
DM 19,90

Ninja
1161-X, von A. Adams,
192 S., kart.
DM 19,90

Heimwerken/Technik

FALKEN Reihe: Do it yourself
Ausstattung: zwischen 80 S., und 104 S., kart.
Preis: **DM 19,90**
1665-4 Reparaturen in Haus und Garten
1159-8 Betonieren, Mauern, Fliesen
1857-6 Bäder ausbauen und modernisieren
1118-0 Sanitärinstallationen
1799-5 Fliesen liegen
1855-X Tapezieren und Streichen
1841-X Dachausbau
1308-6 Alarmanlagen
1859-2 Elektroarbeiten
1716-2 Sicherheit an der Haustür
1717-0 Umweltbelastungen

14983-8 **Heimwerken**
von T. Pochert, 416 S., geb.
DM 49,90

4997-8 **Kreatives Heimwerken**
v. H.-W. Bastian, 256 S., geb.
DM 49,90

Foto/Video

Moderne Fotopraxis
7310-0, von G. Koshofer, Prof. H. Wedewardt, 240 S., geb.
DM 49,90

Videofilmen wie ein Profi
4506-9, von T. Pehle, 232 S., geb.
DM 45,–

Zeichnen und Malen

Kreativ zeichnen
4688-X, von B. Bagnall, 176 S., geb.
DM 39,90

Aquarellmalerei
4529-8, von Prof. W. Wrisch, 136 S., geb.
DM 39,90

Kalligraphie
1044-3, von I. Schade, 80 S., kart.
DM 19,90

Airbrush
1133-4, von C. M. Mette, 80 S., kart.
DM 19,90

Seidenmalerei

Lexikon der Seidenmalerei
4737-1, von K. Huber, 208 S., geb.
DM 49,90

Einführung in die Seidenmalerei
0611-X, von R. Henge, 88 S., kart.
DM 19,90

Malen auf Seide
4941-2, von C. Köhl, Shahida
112 S., geb.
DM 29,90

Aquarellieren auf Seide
4842-4, von Shahida, 112 S., geb.
DM 39,90

Verschiedene Techniken

Alles aus Wellpappe
1430-9, von I. Kasperek, 64 S., kart.
DM 19,90

Geschenke individuell verpacken
1113-X, von P. Jansen, 80 S., kart.
DM 19,90

Landhausstil
7332-1, 128 S., geb.
DM 34,90

Artischockentechnik
1682-4, von M. von Perbandt, K. Teuber, 64 S., kart.
DM 19,90

Patchwork und Quilt
4803-3, von I. Kahmann u.a., 112 S., geb.
DM 29,90

Nähen
4709-6, von S. von Rudzinski, 176 S., geb.
DM 39,90

Perfekt Stricken
4821-1, von H. Jaacks, 224 S., geb.
DM 39,90

Töpfern ohne Scheibe
0896-1, von A. Riedinger, 80 S., kart.
DM 19,90

Dekorieren und Gestalten mit Naturmaterialien
4748-7, von E. Dommershausen u.a., 128 S., geb.
DM 29,90

Stempeln
1823-1, von E. Metz, P. Läpple, 80 S., kart.
DM 19,90

Freundschaftsbänder
1720-0, von A. Neeb, E. Walch u.a., 64 S., kart.
DM 19,90

Bücher, Alben, Schachteln selbermachen
4772-X, von P. Baumgartner, 96 S., geb.
DM 29,90

Geldgeschenke und Geschenkgutscheine
1684-0, von S. Haenitsch-Weiß, 64 S., kart.
DM 19,90

Einladungs-, Tisch- und Menükarten
1302-7, von S. Haenitsch-Weiß, 80 S., kart.
DM 19,90

Spiele/Denksport

Bridge für Einsteiger
1691-3, von B. Ludewig, 104 S., kart.
DM 16,90

Doppelkopf
1828-2, von U. Vohland, 96 S., kart.
DM 16,90

Kartenspiele
7333-X, von M. Mala, 176 S., geb.
DM 29,90

Kartenspiele für eine Person
1689-1, von M. Fuchs, R. Luwisch, 80 S., kart.
DM 16,90

Poker
60225-6, von C. D. Grupp, 112 S., kart.
DM 12,90

Backgammon für Einsteiger
1690-5, von M. B. Fischer, E. Heyken, 104 S., kart.
DM 16,90

SPIELE UND DENKSPORT · FALKEN FÜR KINDER · GARTEN · TIERE

Das Skatspiel
60151-9, von K. Lehnhoff, 112 S., kart.
DM 12,90

Schach für Einsteiger
1724-3, von E. Heyken, 120 S., kart.
DM 19,90

Spielideen für Partys
1725-1, von E. und H. Bücken, 88 S., kart.
DM 16,90

111 Spielideen, das Gedächtnis zu trainieren
1829-0, von T. Werneck, 96 S., kart.
DM 16,90

Knobeleien und Denksportaufgaben
60099-7, von K. Rechberger, 100 S., kart.
DM 12,90

Ratgeber für Kinder

FALKEN Reihe: Ratgeber für Kinder
Ausstattung: zwischen 48 S., und 64 S., geb.
Preis: **DM 19,90**
4897-1 Mein Mutmachbuch
4895-5 Mein Umzugsbuch
4898-X Mein Krankenhausbuch
4899-8 Mein Buch vom Körper
4991-9 Mein Kochbuch
4990-0 Mein Ballettbuch
4900-5 Mein Fußballbuch
4938-2 Mein Fahrradbuch
4940-4 Welches Tier passt denn zu mir?
4896-3 Mein erstes Pferdebuch

7337-2 Mein erstes Reitbuch
4894-7 Mein Katzenbuch
4939-0 Mein Hundebuch
4993-5 Mein Hamsterbuch
7338-0 Mein Meerschweinchenbuch
4992-7 Wenn meine Eltern sich trennen
7336-4 Mein Freundschaftsbuch

Kinderbeschäftigung

Lauter tolle Sachen, die Kinder gerne machen
4731-2, Hrsg.: U. Barff, 352 S., geb.
DM 39,90

Das neue Bastelbuch für Kinder
4893-9, von U. Barff, I. Burkhardt, J. Maier, 208 S., geb.
DM 39,90

Basteln mit Pappe und Papier
4843-2, Hrsg.: U. Barff, 112 S., geb.
DM 29,90

Schminken und Verkleiden
4773-8, von W. Stelzenhammer, Hrsg.: U. Barff, 128 S., geb.
DM 29,90

Zauberbuch
7340-2, von U. Schenk, M. Sondermeyer, 112 S., geb.
DM 29,90

Spielen mit einfachen Sachen
4994-3, von A.-G. Patz, D. Patz, 112 S., geb.
DM 29,90

Spiele für Kleinkinder
60022-9, von D. Kellermann, 104 S., kart.
DM 12,90

Kinderleichte Kochrezepte für kleine Leute
4850-5, von K. Müller-Urban, 128 S., geb.
DM 19,90

Garten

FALKEN Gartenjahr
4730-4, von K. Greiner, A. Weber, P. Michaeli-Achmühle, 320 S., geb.
DM 39,90

100 englische Gärten
4885-8, von P. Taylor, 216 S., geb., mit Schutzumschlag
DM 79,–

Bauerngärten
4786-X, von U. Krüger, 128 S., geb.
DM 39,90

Gartengestaltung mit Phantasie
7318-6, von K. Greiner, Dr. A. Weber, 208 S., geb., mit Schutzumschlag
DM 79,90

Naturgärten
4967-6, von J. Korz, 240 S., geb.
DM 69,90

Blumen, Stauden, Ziergehölze
4753-3, von K. Greiner, Dr. A. Weber, 384 S., geb.
DM 69,90

FALKEN Lexikon Gartenteich
4778-9, von I. Polaschek, A. Fischer-Nagel, 216 S., geb.
DM 49,90

Grüner wohnen
4886-6, von U. Krüger, 144 S., geb., mit Schutzumschlag
DM 49,90

Tiere

Wellensittiche
1813-4 von H. Bielfeld 96 S., kart.
DM 16,90

Alles über Papageien
1221-7, von H. Bielfeld, 80 S., kart.
DM 14,90

Alles über Kanarienvögel
0901-1, von H. Schnoor, 64 S., kart.
DM 14,90

Katzenkrankheiten
1733-2, von Dr. med. vet. R. Spangenberg, 112 S., kart.
DM 16,90

Richtige Katzenernährung
1869-X, von H. Wenzel, 96 S., kart.
DM 16,90

Zwerg- und Goldhamster
1734-0, von M. Mettler, 96 S., kart.
DM 16,90

Meerschweinchen
1812-6, von M. Mettler, 96 S., kart.
DM 16,90

Das Süßwasseraquarium
4752-5, von Dr. med. vet. J. Etscheidt, 224 S., geb.
DM 49,90

Terrarium
7313-5, von W. Ullrich, 128 S., geb.
DM 29,90

FALKEN Reihe: Hundebibliothek
Ausstattung: zwischen 80 S. und 112 S., kartoniert
Preis: zwischen **DM 16,90** und **DM 19,90**
1604-2 Hundekrankheiten erkennen und behandeln

Stand der Preise 01.09.1997 · Änderungen vorbehalten / *unverbindliche Preisempfehlung

1757-X Dalmatiner
1756-1 Dackel
1677-8 Labrador, Retriever
1643-3 Golden Retriever
1644-1 Neufundländer und Landseer
1642-5 Yorkshire Terrier
1512-7 Streuner und Tierheimhunde
1596-8 Boxer
1514-3 West Highland White Terrier
1513-5 Schäferhunde
1808-8 Setter
1866-5 Siberian Husky
1809-6 Hovawart
1811-8 Foxterrier
1868-X Richtige Hundeernährung
1810-X Rechtsratgeber für Hundehalter

Die beliebtesten Hundenamen
1681-6, von H.-J. Schließke, 96 S., kart.
DM 9,90

Das neue Hundebuch
60079-2, von W. Busak, 124 S., kart.
DM 14,90

Erfolgreiche Hundeerziehung
4808-4, von U. Birr, 144 S., geb.
DM 29,90

Reisevideo

FALKEN Reihe: Reisevideos
Ausstattung: VHS, ca. 60 Min. Laufzeit, in Farbe
Preis: **DM 39,95***

FALKEN hat Reisevideos zu über 70 Urlaubszielen in aller Welt von **A** bis **Z**

6249-4 Amsterdam

6228-1 Florida

6206-0 Zypern

ISBN-Bestandteil: 3-8068- / bei Buchnummern, die mit der Ziffer 6 beginnen, lautet der ISBN-Bestandteil: 3-635-

BESTELLSCHEIN

Hiermit bestelle ich aus dem Programm der Verlagsgruppe FALKEN, Postfach 11 20, D-65521 Niedernhausen, **durch die Buchhandlung:**

Falls durch besondere Umstände Preisänderungen notwendig werden, erfolgt Auftragserledigung zu dem bei der Lieferung gültigen Preis.
(Soweit gesetzlich nicht anders vorgesehen, ist der Erfüllungsort und Gerichtsstand der jeweilige Sitz der Lieferfirma).

Anzahl	Bestell-Nr.:	Titel	Einzelpreis	Gesamtpreis
			Summe	

zzgl. Porto- und Versandkosten

Name: Straße:

Ort:

Datum: Unterschrift:
(Bei Jugendlichen der gesetzliche Vertreter)

FTB-V V H '9

Werbemittel-Nr. 99142

FALKEN

Der Spezialist für nützliche Bücher und Videos